Die berechnete Welt

TELEPOLIS

magazin der netzkultur

→ www.telepolis.de

Das Online-Magazin TELEPOLIS wurde 1996 gegründet und begleitet seither die Entwicklung der Netzkultur in allen Facetten: Politik und Gesetzgebung, Zensur und Informationsfreiheit, Schutz der Privatsphäre, wissenschaftliche Innovationen, Entwicklungen digitaler Kultur in Musik, Film, bildender Kunst und Literatur sind die Kernthemen des Online-Magazins, welche ihm eine treue Leserschaft verschafft haben. Doch TELEPOLIS hat auch immer schon über den Rand des Bildschirms hinausgesehen: Die Kreuzungspunkte zwischen realer und virtueller Welt, die »Globalisierung« und die Entwicklung der urbanen Kultur, Weltraum und Biotechnologie bilden einige der weiteren Themenfelder.

Als reines Online-Magazin ohne Druckausgabe nimmt TELEPOLIS damit eine einzigartige Stellung im deutschsprachigen Raum ein und bildet durch seine englischsprachige Ausgabe und seinen internationalen Autorenkreis eine wichtige Vermittlungsposition über sprachliche, geografische und kulturelle Grenzen hinweg. Verantwortlich für das Online-Magazin und Herausgeber der TELEPOLIS-Buchreihe ist Florian Rötzer.

Die TELEPOLIS-Bücher basieren auf dem Themenkreis des Online-Magazins. Die Reihe schaut wie das Online-Magazin über den Tellerrand eingefahrener Abgrenzungen hinaus und erörtert Phänomene der digitalen Kultur und der Wissensgesellschaft.

Eine Auswahl der bisher erschienenen TELEPOLIS-Bücher:

Andreas Lober
Virtuelle Welten werden real
Second Life, World of Warcraft & Co:
Faszination, Gefahren, Business
2007, 174 Seiten, 16 €

Klaus Schmeh
Versteckte Botschaften
Die faszinierende Geschichte der
Steganografie
2009, 246 Seiten, 18 €

Stephan Schleim
Gedankenlesen
Pionierarbeit der Hirnforschung
2008, 184 Seiten, 18 €

Matthias Brake
Mobilität im regenerativen Zeitalter
Was bewegt uns nach dem Öl?
2009, 154 Seiten, 16 €

Rainer Sommer
Die Subprime-Krise und ihre Folgen
Von faulen US-Krediten bis zur Kernschmelze
des internationalen Finanzsystems
2009, 232 Seiten, 19 €

Stefan Selke, Ullrich Dittler (Hrsg.)
Postmediale Wirklichkeiten
Wie Zukunftsmedien die Gesellschaft
verändern
2009, 256 Seiten, 19 €

Stefan Weber
Das Google-Copy-Paste-Syndrom
Wie Netzplagiate Ausbildung und
Wissen gefährden
2., aktualisierte Auflage
2009, 196 Seiten, 16 €

Matthias Becker
Datenschatten
Auf dem Weg in die Überwachungs-
gesellschaft?
2010, 182 Seiten, 16,90 €

Lothar Lochmaier
Die Bank sind wir
Chancen und Perspektiven von
Social Banking
2010, 160 Seiten, 15,90 €

Harald Zaun
**S E T I – Die wissenschaftliche Suche
nach außerirdischen Zivilisationen**
Chancen, Perspektiven, Risiken
2010, 320 Seiten, 19,90 €

Stefan Selke, Ullrich Dittler (Hrsg.)
**Postmediale Wirklichkeiten aus
interdisziplinärer Perspektive**
Weitere Beiträge zur Zukunft der Medien
2010, 256 Seiten, 19,90 €

Stephan Schleim
Die Neurogesellschaft
Wie die Hirnforschung Recht und Moral
herausfordert
2011, 218 Seiten, 18,90 €

Astrid Auer-Reinsdorff, Joachim Jakobs,
Niels Lepperhoff
Vom Datum zum Dossier
Wie der Mensch mit seinen schutzlosen
Daten in der Informationsgesellschaft
ferngesteuert werden kann
2011, 182 Seiten, 16,90 €

Marcus B. Klöckner
9/11 – Der Kampf um die Wahrheit
2011, 218 Seiten, 16,90 €

Hans-Arthur Marsiske
**Kriegsmaschinen – Roboter im
Militäreinsatz**
2012, 252 Seiten, 18,90 €

Nora S. Stampfl
Die verspielte Gesellschaft
Gamification oder Leben im Zeitalter des
Computerspiels
2012, 128 Seiten, 14,90 €

Jörg Friedrich
Kritik der vernetzen Vernunft
Philosophie für Netzbewohner
2012, 176 Seiten, 16,95 €

Alexander Dill
Dein Staat gehört Dir!
Ein Abschiedsbrief an das Wutbürgertum
2013, 184 Seiten, 16,90 €

Weitere Informationen zu den TELEPOLIS-Büchern und Bestellung unter:
→ www.dpunkt.de/telepolis

Nora S. Stampfl
studierte Wirtschaftswissenschaften an der Johannes Kepler Universität Linz in Österreich und erlangte einen Master of Business Administration (MBA) an der Goizueta Business School der Emory University in Atlanta, Georgia, USA. Nach beruflichen Stationen in den USA lebt sie seit 1999 in Berlin und ist als Unternehmensberaterin und Zukunftsforscherin tätig. Ihren Arbeitsschwerpunkten strategische Unternehmensführung, gesellschaftlicher Wandel und Zukunftsfragen widmet sie sich auch als Autorin.

www.f-21.de

nora.stampfl@f-21.de

Nora S. Stampfl

Die berechnete Welt

Leben unter dem Einfluss von Algorithmen

 *Heise*

Reihenherausgeber: Florian Rötzer, München, fr@heise.de

Lektorat: Dr. Michael Barabas
Copy-Editing: Susanne Rudi, Heidelberg
Herstellung: Miriam Metsch
Umschlaggestaltung: Hannes Fuß, www.exclam.de
Druck und Bindung: M.P. Media-Print Informationstechnologie GmbH, 33100 Paderborn

Bibliografische Information der Deutschen Nationalbibliothek
Die Deutsche Nationalbibliothek verzeichnet diese Publikation in der Deutschen National-
bibliografie; detaillierte bibliografische Daten sind im Internet über http://dnb.d-nb.de abrufbar.

ISBN:
Buch 978-3-944099-03-3
PDF 978-3-944099-48-4
ePub 978-3-944099-49-1

1. Auflage 2013
Copyright © 2013 Heise Zeitschriften Verlag GmbH & Co KG, Hannover

Die vorliegende Publikation ist urheberrechtlich geschützt. Alle Rechte vorbehalten.
Die Verwendung der Texte und Abbildungen, auch auszugsweise, ist ohne die schriftliche
Zustimmung des Verlags urheberrechtswidrig und daher strafbar. Dies gilt insbesondere für
die Vervielfältigung, Übersetzung oder die Verwendung in elektronischen Systemen.
Alle Informationen in diesem Buch wurden mit größter Sorgfalt kontrolliert.
Weder Herausgeber, Autor noch Verlag können jedoch für Schäden haftbar gemacht
werden, die in Zusammenhang mit der Verwendung dieses Buches stehen.

5 4 3 2 1 0

Inhaltsverzeichnis

1	**Vorwort**	**1**
2	**Von der Ausschaltung des Zufalls**	**5**
	2.1 Algorithmen beherrschen die Welt.......................... 5	
	2.2 Blick zurück nach vorn: Der Mythos von der Maschinenherrschaft............ 10	
	2.3 Daten: Das Futter der Algorithmen.......................... 14	
	2.4 Auf dem Weg in die totale Informatisierung des Alltags..................... 25	
3	**Alles wird berechenbar**	**35**
	3.1 Digitale Parallelwelten: Der Mensch wird zum Datenprofil................... 35	
	3.2 »There's no such thing as a free lunch«: Persönliche Daten als Währung des Internetzeitalters......................... 42	
	3.3 Immer einen Schritt voraus: Algorithmen als Gedankenleser................ 50	
4	**Digitale Wirklichkeiten**	**59**
	4.1 Leben in der panoptischen Welt............................. 59	
	4.2 Leben in der vorsortierten Welt............................. 77	
	4.3 Leben in der paternalistischen Welt.......................... 86	
	4.4 Leben in der verspielten Welt............................... 99	
	Literatur	**113**

1 Vorwort

»*Der Fehler ist, dass der Fortschritt immer mit dem alten Sinn aufräumen will.*«

Robert Musil, österreichischer Schriftsteller, 1880–1942

Die Entwicklung des Internets ist getragen von hochfliegenden Freiheits- und Demokratisierungsgedanken: Mit der weltweiten Vernetzung war der Grundstein gelegt, jedermann einen freien und gleichen Zugang zu den Informationen dieser Welt zu gewähren und Transparenz, Informationsvielfalt und gesellschaftliche Teilhabe zu stärken. Denn in der Online-Welt haben Unterschiede in Klasse, Rasse und Geschlecht keine Chance, den freien Austausch von Ideen zu untergraben, weder Zensur noch kommerzielle Interessen können dem freien Fluss von Informationen entgegenstehen. Aber muss das Internet immer so bleiben, wie es war? Heißt es nicht, den Gang der Geschichte, die Unwägbarkeiten, die allen Systemen innewohnen, zu ignorieren, richtet man nicht ganz bewusst den Blick auf Veränderungen, die Altes über den Haufen werfen und Neues hervorbringen?

Ein Blick in die Vergangenheit ist erhellend, will man eine Ahnung davon bekommen, wohin sich das Internet entwickeln könnte. Tim Wu (2010), Professor an der Columbia Law School in New York, beschreibt, wie politische und wirtschaftliche Interessen die Beschaffenheit von Informations- und Medienindustrien umkrempeln können. So etabliert, wie sie heute scheinen, waren ebenso wie das Internet in ihren jeweiligen Anfangstagen auch Fernsehen, Telefon, Hörfunk und Film einmal junge, offene, dynamische und lebendige Medien, die von allerhand überschwänglichen Erwartungen und Ideen angetrieben wurden. Eine große Faszination ging von den neuen Medien aus, kühne Erwartungen wurden an sie gestellt und vorangetrieben wurden sie zunächst vor allem von Amateuren. Mit Blick auf das Internet, so denkt Wu, könne man aus der Geschichte lernen. Denn die Entwicklung läuft immer nach demselben zyklischen Muster ab: Auf die bunte, unregulierte Vielfalt folgen Kommerzialisierung und Konsolidierung. Nach einiger Zeit übernahmen einzelne oder Gruppen von Unternehmen oder manchmal auch die Regierung die Federführung. In jedem einzelnen Fall der Informationsindustrien lasse sich dieses Wechselspiel aus Offenheit und Geschlossenheit beobachten: Bei neuen Medien folgen regelmäßig auf kurze Perioden der Freiheit längere Phasen der Eingrenzung, Kommerzialisierung und Monopolisierung. Tim Wu behauptet nun, das Internet sei diesem Zyklus ebenso unterworfen – und dafür gibt es tatsächlich gute Gründe: Geschlossene Systeme wie *Facebook* oder *Apple* sind auf dem Vormarsch, mit *Facebook* und *Google* sind Monopole im Entstehen begriffen. Zieht man die Parallele zur Vergangenheit, dann legt diese Dominanz einiger weniger Unternehmen nahe, dass das Internet dabei ist, sein Gesicht radikal zu ändern. Und tatsächlich kann ja niemand bestreiten, dass das Web heute etwas völlig anderes ist als zu seiner Geburtsstunde Anfang der 1990er Jahre. Selbst innerhalb der letzten paar Jahre, in denen das Netz zum Mitmach-Netz wurde und *Facebook* eine soziale Infrastruktur ins Leben rief, die potenziell alle Erdenbürger vernetzt, veränderte sich die Qualität des Internets nochmals ganz enorm.

Heute steht fest: Die Offenheit des Internets ist nicht in Stein gemeißelt. So wie alle Medien zuvor folgt auch das Internet keinem naturgegebenen Bauplan, sondern wird aktiv gestaltet, es tobt ein Kampf der wirtschaftlichen und politischen Interessen, die das Medium in seine jeweilige Form pressen. Unter dem Deckmantel, »die Informationen der Welt zu organisieren« (*Google*) oder »die Welt offener und vernetzter zu machen« (*Facebook*), regiert der Kommerz. Auch wenn die großen Konzerne vorgeblich an etwas Größerem zum Wohle der Menschheit arbeiten, geht es in Wahrheit immer nur um Klickzahlen und Werbeeinnahmen. Seitdem im Internet Werbung als lukrativstes Geschäftsmodell gilt, ist ein Wettrennen um die Nutzer und ihre Portemonnaies entbrannt. Damit ist im Internet nichts mehr wie es einmal war. Denn wo immer es um Kommerz geht, um das Erzielen von Gewinnen, das Sichern und Mehren von Marktanteilen, dort geht es auch um das Messbare. Nichts wird mehr dem Zufall überlassen, der Kunde soll zielsicher auf das eigene Angebot zusteuern. Unwägbares hat keinen Platz, wo es um knallharte Gewinne geht. Alles muss berechenbar sein.

Und tatsächlich *ist* mehr und mehr heute berechenbar. Nicht nur im Netz, auch immer mehr Aspekte unseres alltäglichen Lebens lassen sich reduzieren auf Null und Eins – die Bausteine des digitalen Lebens. Mit der fortschreitenden Informatisierung unseres Alltags und der Verschmelzung von realer und virtueller Welt existiert kaum noch etwas, das sich nicht in Zahlen abbilden lässt.

Daten entstehen überall und jederzeit, jede Lebensäußerung zieht heute eine Datenspur nach sich. Die Aussicht auf die Berechen- und Vermessbarkeit unserer Welt lässt wahre Goldgräberstimmung aufkommen, die Datensammelwut kennt kaum noch Grenzen. Denn Daten versprechen Transparenz, Kontrolle und neue Einsichten. Wo einst gesunder Menschenverstand auf Basis von Beobachtungen und Erfahrungen Schlüsse zog, bedienen sich heute Algorithmen der schieren Masse an eingesammelten Daten und arbeiten Schritt für Schritt ihre Anweisungen ab, an dessen Ende immer ein messerscharfes Ergebnis steht.

Ein immer größer werdendes Vertrauen in Maschinen, Software und ihre Algorithmen kennzeichnet unsere Welt. Die Urteile der Algorithmen werden als unverrückbare Fakten hingenommen und ihre Ergebnisse, die in Handlungen oder Entscheidungen münden, gelten vielen als Gesetz. Wir begeben uns in eine wachsende Abhängigkeit und vertrauen immer weniger auf die eigene Urteilskraft, geschweige denn unser Bauchgefühl. Zahlen umgibt der Mantel des Unzweifelhaften und Exakten: Wer Sachverhalte mit Zahlen unterfüttern kann, der braucht das beste Argument nicht mehr. Daher ist es kein Wunder, dass Algorithmen in unserer Gesellschaft blindes Vertrauen auf sich ziehen: Sie tun unbestechlich, unbeirrt ihren Dienst. In den meisten Fällen bleibt ja auch gar nichts anderes übrig, als ihnen Folge zu leisten, weil die Urteile der Algorithmen nicht hinterfragbar sind. Derart komplex sind viele der Rechenoperationen heute, dass kaum noch jemand sie verstehen kann. Sind die den algorithmisierten Verfahren entspringenden Entscheidungen richtig oder falsch? Wir wissen es nicht.

Auf dem Weg in die digitale Zukunft sind wir heute an einer entscheidenden Weggabelung angekommen: Obwohl die Errungenschaften der digitalen Revolution natürliche Verbündete der Freiheit sind, stehen in jüngster Zeit Informatisierung und Technisierung unserer Welt der ursprünglichen Intention immer häufiger entgegen. Algorithmen übernehmen die Herrschaft, schränken die menschliche Willens- und Handlungsfreiheit ein, indem sie Verhalten auf vorbestimmte Bahnen zwingen. Die Bedeutung des Internets für unser aller Leben nimmt ständig zu – nicht zuletzt, weil wir uns kaum noch entziehen können: Die simpelsten Alltagsdinge sind heute vernetzt. Die Welt wird überschwemmt von Rechenleistung. Informationsverarbeitung gekoppelt mit Kommunikationsfähigkeit dringt fast überall ein. Computer werden allgegenwärtig sein und unsere Interaktionen mit der Welt verändern. Wird die weiter voranschreitende Informatisierung und Technisierung unserer Welt – wie allseits propagiert – mehr Freiheit, Bequemlichkeit, Sicherheit, kurz: ein besseres Leben bringen? Oder ist die versprochene Freiheit doch eher eine vermeintliche, weil Technik zunehmend die Weichen stellt, Wahlfreiheiten einschränkt und Horizonte begrenzt?

2 Von der Ausschaltung des Zufalls

»Die großen Zufälle sind das Gesetz. Die Ordnung der Dinge kann nicht auf sie verzichten.«

Victor Hugo, französischer Schriftsteller, 1802–1885

2.1 Algorithmen beherrschen die Welt

Wenn der deutsche Mathematiker Carl Friedrich Gauß die Mathematik als »die Königin der Wissenschaften« bezeichnete, dann wird er kaum geahnt haben, wie sehr die Disziplin rund zweihundert Jahre später Bedeutung erlangen werde für das alltägliche Leben der Menschen. Wenn wir heute auf Internetportalen eine Nachricht an erster Stelle angezeigt bekommen, ein bestimmtes Produkt im Supermarkt an einer anderen als der gewohnten Stelle vorfinden, wenn die Ampel auf rot springt, just wenn wir angefahren kommen – zumeist machen wir in solchen Fällen schnöden Zufall verantwortlich und denken gar nicht daran, dass die exakteste aller Wissenschaften kühl kalkulierend die Geschicke unseres Lebens lenkt. Für die meisten von uns ist die Mathematik graue Theorie, Pflichtprogramm in der Schulzeit, aber ohne jegliche Relevanz für das praktische Leben. Und doch nehmen Hunderte von komplexen mathematischen Formeln tagtäglich Einfluss auf unseren Alltag – ohne dass wir auch nur das Geringste davon merken. Algorithmen, jene eindeutigen und schrittweise in einer bestimmten Reihenfolge ausführbaren Anweisungen zur Lösung von (mathematischen) Problemen, sind heute derart verbreitet, dass sie gut und gern als Herrscher des modernen Lebens bezeichnet werden können. Sie regeln die Stromversorgung und den Verkehr, sie ersetzen Börsenmakler und entscheiden über unsere Kreditwürdigkeit, sie schlagen uns vor, welche Bücher wir lesen, welche Musik wir hören und welche Menschen wir treffen könnten, sie steuern Produktionsprozesse und suchen uns einen Lebenspartner. Nichts scheint mehr unberechenbar – und bleibt unberechnet.

Tatsächlich sind heute große Bereiche unseres Lebens unterfüttert mit komplexen Algorithmen, die die verschiedensten Datenhäppchen in einer Abfolge genau definierter Schritte in eine Aktion oder Entscheidung verwandeln. Die Rechenoperationen sind überall, aber doch unsichtbar, weil sie im Hintergrund agieren und uns dann lediglich mit den Resultaten ihrer Berechnungen konfrontieren. Und ihre Rolle in unserem Leben wird größer und größer, je stärker Computer und das Internet in sämtliche Lebensbereiche vordringen. Denn in der Online-Welt sind Algorithmen nicht nur wichtig, es läuft schlicht nichts mehr ohne sie. Angesichts der immensen Größe des Internets ist es heute völlig unmöglich, dass sich der Nutzer auf eigene Faust einen Weg durch die Massen an Informationen bahnt. Man hat gar keine andere Wahl, als sich auf die Mathematik zu verlassen, um einen schnellen und passenden Zugang zum Gesuchten zu erhalten. In welcher Reihenfolge wir Suchergebnisse auf *Google* oder Neuigkeiten auf *Facebook* angezeigt bekommen, wird von Algorithmen entschieden. Sie sind es auch, die demografische Daten aus der Offline-Welt mit unserem Suchverhalten im Web kombinieren und auf dieser Basis komplexeste Berechnungen durchführen, um uns die richtige Werbung am richtigen Ort zur richtigen Zeit zu Gesicht zu bringen. Indem Algorithmen das Kaufmuster von Millionen von Kunden analysieren, wissen Online-Händler recht genau, was uns gefällt, und können Produktempfehlungen aussprechen und uns zu Impulskäufen anregen. Musikportale analysieren die Hörgewohnheiten ihrer Nutzer und Algorithmen schlagen dann Musikstücke vor, die den jeweiligen Geschmack treffen. Und selbst Liebesdinge werden immer öfter Algorithmen überlassen: Auf Online-Partnerbörsen werden Algorithmen mit den Antworten aus Persönlichkeitstests gefüttert und schließen daraus auf den perfekten Partner.

Der mächtigste Algorithmus der Welt

Weil das Internet eine solch prominente Stellung in unserem Leben einnimmt, Suchmaschinen zunehmend als Tor zur Welt der Informationen fungieren und unter all den Suchmaschinen *Google* den Markt in einem Ausmaß beherrscht, das in vielen Ländern de facto einem Monopol gleichkommt, kann mit Fug und Recht *PageRank* als mächtigster Algorithmus der Welt bezeichnet werden. Damit errechnet *Google* die Reihenfolge, in welcher Treffer einer Websuche angezeigt werden. Wessen Webseite nicht auf der ersten Seite der Trefferliste aufscheint, gilt heute schlichtweg als nicht existent. Es verwundert daher kaum, dass sich rund um die Suchmaschinenplatzierung eine ganze Industrie entwickelt hat, die im Wettlauf um die besten Plätze bei

Google den Algorithmus auszutricksen versucht. Und dies ist die reinste Sisyphusarbeit: Denn selbst wenn aus Nutzersicht *Googles* Oberfläche immer gleich erscheint, hinter den Kulissen ist stets alles in Bewegung. Am Algorithmus wird andauernd gefeilt, es werden immer wieder neue Ideen des Entwicklerteams integriert, um auf jede nur erdenkliche Suchanfrage stets die relevanteste Antwort zu liefern.

Zu seiner Geburtsstunde war *PageRank* revolutionär: Seiten nach der Anzahl und Bedeutung der auf sie verweisenden Links zu bewerten war im Jahr 1997, als der Algorithmus von *Google*-Gründer Lawrence Page zum Patent angemeldet wurde, eine absolute Neuheit und legte den Grundstein für den späteren Erfolg der heute dominierenden Suchmaschine. Somit nutzte *Google* die kollektive Intelligenz des Webs selbst, um zu bestimmen, welche Treffer eine Suche jeweils ganz nach oben spült. Immer wieder wird der Algorithmus überarbeitet, unter anderem auch um die verschiedensten kontextabhängigen Signale miteinzubeziehen, die bei der Reihung der Suchergebnisse helfen. Damit wird sichergestellt, dass aus den Millionen an möglichen Resultaten immer das für den Nutzer relevanteste an der Spitze steht. Die Suchmaschine nutzt mehr als zweihundert solcher Signale zur Bestimmung der Rangfolge der Resultate. Der Algorithmus wird ständig schlauer und lernt durch die eigenen Nutzer. Denn selbst während der Suche generieren die Nutzer Daten, die sodann wieder dabei helfen, die Ergebnisse zu verbessern: welche Resultate angeklickt werden, welche Wörter in Suchstrings ausgetauscht werden, war man mit einem Ergebnis nicht zufrieden, wie Suchanfragen zur physischen Lokation passen. All diese Informationen bei der Reihung zu berücksichtigen, verbessert die Relevanz der Ergebnisse. Die Lokation eines Nutzers zusammen mit seiner Suchhistorie geht auch in die so genannte personalisierte Suche ein; somit bekommen keine zwei Nutzer mehr dieselbe Trefferliste auf ein und dieselbe Suchanfrage präsentiert.

Mit seiner ausgefeilten Technik wurde *Google* zum Synonym für die Suche im Web. Aber *Google* will noch weit mehr. Es wird in Zukunft nicht nur darum gehen, die besten Suchresultate zu finden, sondern die Suchfunktion soll zu einem ständig präsenten Feature in jedermanns Leben werden: Mit *Google Goggles* bahnt sich die Internetsuche ihren Weg ins echte Leben. *Goggles* interpretiert Bilder, die Nutzer mit ihren Smartphones aufnehmen, als Suchanfragen. Denn mit einer Kamera und Voice Recognition ausgestattet kann ein Smartphone sehen und hören. Weil auf diese Weise auch in der realen Welt gesucht und gefunden werden kann, sind nicht länger nur Daten, sondern werden auch Dinge zum Futter für die suchenden Algorithmen.

Immerhin verfolgt der Internetgigant *Google* mit seinem scheinbar allwissenden Algorithmus auch kein geringeres Ziel als »die Informationen der Welt zu organisieren«. Dabei sind die exakten Rechenoperationen von *PageRank* ein streng gehütetes Geheimnis – was auch nicht weiter überrascht, denn kämen zu viele Details über seine Funktionsweise an die Öffentlichkeit, hätten die Suchmaschinenoptimierer leichtes Spiel und die Suchergebnisse verlören an Aussagekraft. Auf der anderen Seite fördert diese Geheimniskrämerei auch immer wieder den Verdacht, dass *Google* die Suchergebnisse zugunsten seiner eigenen kommerziellen Interessen manipuliert. Noch schwerer wiegt jedoch, dass *Google* Einfluss auf die Wahrnehmung und das Denken seiner Nutzer nimmt. Denn nicht nur wählt *Google* – vermeintlich streng »objektiv« – aus, welche Informationen wir zu Gesicht bekommen, auch sprechen neue Forschungsergebnisse (vgl. Sparrow et al. 2011) dafür, dass Suchmaschinen wie *Google* ganz wesentlich darauf einwirken, wie wir denken. Weil wir uns daran gewöhnt haben, dass sich alles Wissen dieser Welt auch »googeln« lässt, ersetzt die Suchmaschine ein Stück weit unser Gedächtnis: Immer weniger erinnern wir uns an Fakten als vielmehr daran, wie und wo wir diese finden können. Außerdem konnte experimentell nachgewiesen werden, dass unser Gehirn nachlässig wird, Dinge abzuspeichern, von denen wir meinen, sie jederzeit im Internet wiederbeschaffen zu können. Gänzlich neu ist dieses Phänomen freilich nicht: Schon vor fast dreißig Jahren wurde als Konzept des »transaktiven Gedächtnisses« (vgl. Wegner et al. 1985) beschrieben, dass Personen das Wissen anderer Personen als eine Art externen Gedächtnisspeicher nutzen. Neu ist allerdings, dass *Google* eine Änderung unseres transaktiven Gedächtnisses bewirkt – dahingehend nämlich, dass wir uns nicht mehr nur an Personen, sondern auch an Suchmaschinen wenden, um unsere Wissenslücken zu stopfen.

Zwischen Bequemlichkeit und Bevormundung

Algorithmen machen das Leben im digitalen Zeitalter bequem. Jede Frage ist immer nur einen Mausklick von einer Antwort entfernt, zwischenmenschliche Beziehungen werden auf sozialen Netzwerken in eine Struktur und Ordnung gebracht und Online-Händler empfehlen uns passende Produkte. Stets ist im Netz eine helfende Hand zur Seite, die genau weiß, was wir wollen und benötigen – und uns sodann auf Mausklick einen Zugang dazu verschafft. Macht uns unsere eigene Bequemlichkeit damit nicht auch zu Gefangenen einer Welt, in der die Herren über die Algorithmen uns nach Belieben in bestimmte Richtungen schubsen können, um genau das zu tun oder zu kaufen, was in ihrem

Sinne ist? Beenden Algorithmen nicht jegliche Zufälligkeit? Wird es in einer berechneten Welt noch möglich sein, Neues zu entdecken, sich Unbekanntem auszusetzen, um den eigenen Horizont zu erweitern? Werden wir noch einen freien Willen haben, wenn wir stets auf vorbestimmte Bahnen gedrängt werden? Algorithmen, die unsere Bedürfnisse und Wünsche im Voraus berechnen und sodann entsprechend reagieren, haben heute einen enormen Einfluss auf unsere Vorlieben, unsere Konsumgewohnheiten und überhaupt sämtliche Entscheidungen unseres digitalen Lebens. Eines ist sicher: Die Datenbanken mit dem Futter der Algorithmen wachsen und wachsen, Software zur Analyse der Daten wird immer machtvoller. Daher wird kein Weg daran vorbeiführen, die Macht der Algorithmen zu beschränken und deren Missbrauch durch Orwell'sche Regierungen, aufdringliche Unternehmen und Hacker einzudämmen.

Aber nicht nur im Missbrauch liegt eine Gefahr; viel akuter scheint das Szenario, dass Algorithmen außer Kontrolle geraten. Viele von ihnen sind derart kompliziert konstruiert, dass kaum noch jemand – und nicht einmal ihre Schöpfer selbst – den Überblick über deren Funktionsweise behalten. Es werden Handlungsvorschriften geschrieben, die der Mensch nicht mehr lesen kann, deren Ergebnis kaum vorhersehbar ist, weil der Algorithmus eine unbeherrschbare Eigendynamik entwickelt. Dass »Fehler im System« eine ganz reale Gefahr sind, zeigt sich schon daran, dass durch solche Pannen regelmäßig die Finanzwelt aufgerüttelt wird: So schickte etwa im Sommer 2010 ein »Softwarefehler« den japanischen Leitindex auf Talfahrt, nachdem die *Deutsche Bank* versehentlich Verkaufsaufträge im Umfang von 150 Milliarden Euro platziert hatte. Ungefähr zur selben Zeit sorgten elektronische Handelssysteme auch für Panik an der New Yorker Börse: Auf einen einzelnen ungewöhnlichen Verkaufsauftrag reagierten die Systeme mit Massenverkäufen und brachten die Aktien der *Citigroup* zum Absturz um 17 Prozent. Erst als die Papiere für einige Minuten vom Handel ausgesetzt wurden, beruhigte sich die Lage wieder. Schon einige Wochen zuvor schockte ein radikaler Kurssturz die Wall Street, bei dem sich die Aktienkurse ohne ersichtlichen Grund im freien Fall befanden. Der Spuk war zwar nach einer Stunde wieder vorbei, doch das »High Frequency Trading« (Hochfrequenzhandel) brachte es durch diesen »Flash Crash« zu trauriger Berühmtheit. Solche Situationen sind dadurch zu erklären, dass viele automatisierte Handelsprogramme ohne menschliche Kontrolle an den Märkten aktiv werden und dabei sehr ähnlich agieren. Das Durchbrechen bestimmter Kursmarken ist beispielsweise ein Signal an die Systeme, darauf in einer bestimmten Weise zu reagieren. Tut das eine große Menge an Systemen auf dieselbe Weise, kann der Handel leicht aus dem Gleichgewicht geraten. Diese Beispiele zeigen, welchen Schaden das Zusammenwirken einer ganzen Schar von Algorithmen bewirken kann. Dabei ist es grundsätzlich auch denkbar, dass sich Algorithmen selbst vermehren, dass sie einen anderen Algorithmus erzeugen und diesen aktivieren, wenn zur Lösung eines Problems eine andere Verfahrensabfolge nötig wird.

Sich aus eigenem Antrieb vermehrende Algorithmen nähren natürlich Vorstellungen vom kompletten Kontrollverlust des Menschen. Dennoch eignen sich Algorithmen schlecht für die Rolle des Tyrannen. Sie haben keinen eigenen Willen und entstehen immer noch im menschlichen Gehirn. Ihre Macht rührt daher, dass sie der Wesenskern jedes Computerprogramms sind: Nach ihrer Logik funktionieren die Programme. Ohne jegliches weitere menschliche Zutun kommen Entscheidungen und Handlungen zustande. Daher sind Algorithmen das Schmiermittel unserer computerisierten Welt. Und für Internetunternehmen sind die oftmals misstrauisch beäugten mathematischen Rezepte der entscheidende Wettbewerbsvorteil – genauso wie es in analogen Zeiten auch streng gehütete Firmengeheimnisse gab, die die Grundfesten für den Erfolg eines Unternehmens ausmachten. Man denke nur an das von Legenden umwobene Geheimrezept von *Coca-Cola*, des erfolgreichsten Softdrinks der Welt. Das Paradoxe an der heutigen Situation ist: Ohne Algorithmen läuft nichts mehr, gleichzeitig sind sie aber unsichtbar und zumeist streng geheim. Sie verrichten ihre Arbeit still und leise im Hintergrund und diktieren dennoch zunehmend, wie wir unser Leben zu führen haben.

2.2 Blick zurück nach vorn: Der Mythos von der Maschinenherrschaft

Was immer wieder unter Börsianern Panik ausbrechen lässt – ein kleiner Fehler im System, der sich zu einem Riesencrash potenziert –, ist theoretisch auch überall anderswo möglich. Oder wer kennt nicht Computerabstürze, die scheinbar aus dem Nichts kommen? Immer noch sitzt der Mensch am Schalthebel und kann die Probleme beheben – so geschieht es mit jedem Absturz des heimischen PCs und so geschah es auch jedes Mal an den großen Börsenplätzen der Welt, wenn der computerbetriebene automatische Wertpapierhandel verrückt spielte. Anders im Kino: Dort haben längst intelligente Maschinen die Oberhand gewonnen. Derart fest sind die Vorstellung einer »künstlichen Intelligenz« und die Angst vor einer Maschinenherrschaft im Bewusstsein der Menschen verwurzelt, dass der Mythos von den Maschinen, die die Kontrolle an sich reißen und Menschen fortan in Knechtschaft halten, zu einem immer wiederkehrenden Motiv der Filmgeschichte wurde.

Im Stummfilm »Metropolis« aus dem Jahr 1927 stehen die Maschinen noch im Dienst der Menschen, wenn auch nur zugunsten einer reichen Oberschicht. Für eine unterdrückte Arbeiterklasse hingegen geben die riesigen, bedrohlich wirkenden Maschinen den Takt vor: Unter der Erde müssen sie in Zehnstundenschichten für das behagliche, vergnügliche Leben der Reichen schuften. Auch wenn die Maschinen in Fritz Langs Klassiker bloß Werkzeuge sind, unintelligent und willenlos, so spielen sie im Maschinenraum unter der Erde doch die Hauptrolle und abhängig von den Maschinen sind beide Klassen gleichermaßen: die Oberschicht, um ihren Reichtum, und die Unterschicht, um ihren kargen Lebensunterhalt zu sichern.

Es sollte noch einige Jahrzehnte dauern, bis die Maschinen intelligent werden und ihren eigenen Willen durchsetzen. Ganz anders als in »Metropolis« wird in Stanley Kubricks »2001: Odyssee im Weltraum« aus dem Jahr 1968 Supercomputer HAL nicht als kalte, bedrohliche Maschine gezeichnet, sondern als sympathisches, mitfühlendes Wesen, das mit Bewusstsein und Denkvermögen ausgestattet ist. Er sei der zuverlässigste Computer, der jemals gebaut wurde, behauptet HAL von sich selbst. Mit dem Supercomputer, der das Raumschiff Discovery steuern soll, hat sich der Mensch ein Wesen geschaffen, das ihm intellektuell überlegen ist. Das Verhältnis zwischen Mensch und Maschine kehrt sich um: Nicht mehr die Maschine dient dem Menschen, sondern die Menschen dienen der zum Übermenschen gewordenen Maschine. Der Kampf zwischen Mensch und Maschine, zwischen Herr und Knecht entspinnt sich, als HAL wider alles Beteuern doch einen Fehler begeht und die menschlichen Astronauten an Bord beschließen, HAL abzuschalten. Der Kampf um die Macht wird zu einem Kampf um Leben und Tod, als HAL sich von seinen Schöpfern komplett emanzipiert und Teile der Crew tötet, um die Weltraummission auf eigene Faust fortzuführen.

Zum Selbstzweck wird die Maschinenherrschaft dann in jüngeren Filmen wie der »Terminator«-Serie und der »Matrix«-Trilogie. Weil im Jahr 2029 intelligente Maschinen die Herrschaft über die Erde übernommen haben, wird Terminator, ein Mischwesen aus lebendigem Organismus und Maschine, auf eine Zeitreise zurück in die Gegenwart geschickt, um den Widerstand der letzten überlebenden Menschen zu brechen. Auch in »Matrix« haben intelligente Maschinen die Weltherrschaft an sich gerissen und die Menschen unterworfen, um sie als Energiequellen zu missbrauchen. Die so genannte Matrix ist eine hoch komplexe Computersimulation, die den

Menschen eine Scheinrealität vorgaukelt. Letztlich kann nur die Befreiung aus der fast perfekten Illusion der Matrix den Ausweg aus dem Krieg gegen die übermächtig gewordenen Maschinen bringen.

Intelligenz ist mehr als Rechenleistung

Wie ein roter Faden durchzieht das Motiv der Künstlichen Intelligenz, die zwar über Generationen hinweg angestrebt, sich letztlich für die Menschheit aber nicht als segensreich herausstellt, die Filmgeschichte. Bleibt der Film Fiktion? Welchen Wahrheitsanspruch dürfen die immer wiederkehrenden Erzählungen von der Maschinenherrschaft für sich behaupten? Erweisen sich nicht angesichts der enormen – und ständig steigenden – Rechen- und Speicherkapazitäten moderner Computer unsere Köpfe als äußerst beschränkt? Computer und ihre Algorithmen werden nicht müde, sind nie abgelenkt und allzeit voll konzentriert bei der Sache, die riesigen Datenmengen zu durchforsten und zu analysieren, vor denen wir längst kapituliert haben. Kommt den Maschinen nicht schon allein deshalb eine Machtposition zu, weil sie es sind, die uns das Tor zur virtuellen Welt aufstoßen, uns die neuen reichhaltigen Möglichkeiten des Cyberspace erst zugänglich machen? Andererseits scheitern Maschinen dort kolossal, wo der Mensch triumphiert: Beispielsweise Muster zu erkennen bereitet Maschinen allerhöchste Schwierigkeiten. Was aber den größten Unterschied zwischen dem menschlichen Gehirn und einem Computer ausmacht, ist der gesunde Menschenverstand. Menschen bekommen ihre Denkregeln eben nicht »eingetrichtert«; statt programmiert zu werden, lernen sie aus Erfahrung, aus Versuch und Irrtum. Und eben dies ist die große Hürde auf dem Weg zur Entwicklung Künstlicher Intelligenz. Zwar bringen die Maschinen von heute es auf erstaunliche Rechenleistung, aber mit Intelligenz hat dies noch lange nichts zu tun. Als 1997 *IBMs* Schachcomputer *Deep Blue* den Schachweltmeister Gary Kasparow klar nach Punkten schlug, war völlig klar, dass *Deep Blue* nicht »denken« konnte. Eine einzige Sache, nämlich Schach, konnte er wirklich gut, aber ansonsten rein gar nichts.

Und obgleich uns Maschinen im Denkvermögen noch lange nicht das Wasser reichen können, ist unübersehbar, dass wir unser Verhältnis zu ihnen und damit auch zur Welt verändern. Maschinen beherrschen unseren Alltag, indem wir unser Verhalten nach Mustern ausrichten, die uns die Technik aufzwingt. Wir merken uns weniger und lagern unser Gedächtnis auf das Internet aus, weil auf Mausklick ohnehin alles Wissen dieser Welt griffbereit zur Verfügung steht, wir arbeiten im Modus des Multitasking, weil uns stets diverse Medienkanäle offenstehen, wir sind nicht nur immer und überall erreichbar, auch hat die mobile Kommunikation unübersehbar die Art und Weise unserer Kommunikationsgewohnheiten verändert. Die digitalen Helfer sind derart in den Alltag integriert, dass sich die Frage aufdrängt, ob der moderne Mensch nicht doch zum Cyborg werde? All unsere elektronischen Hilfsmittel sind letztlich ja auch Zeichen der Anpassung an eine veränderte Welt. So fragt Jean Baudrillard (1988) denn auch: »Bin ich nun Mensch, oder bin ich Maschine?« Für den französischen Soziologen bilden die virtuellen Maschinen und neuen Technologien zusammen mit dem Menschen einen »integrierten Schaltkreis«, weil Computer, Fernsehen, Video und Kamera mit dem menschlichen Körper derart integriert seien, dass ununterscheidbar wird, was »dabei die Qualität des Menschen oder der Maschine ausmacht«.

Maschinen und ihre Algorithmen geben den Takt des modernen Lebens vor – so wie einst die Uhren ein Zeitdiktat ausübten, dem niemand zu entrinnen vermochte. Ebenso wie Uhren Abläufe des gesellschaftlichen Lebens synchronisieren, ist dies heute Aufgabe von Algorithmen. Wenn einst Uhren das Mittel waren, um die einzelnen Arbeitsschritte am Fließband zu koordinieren, so sind es heute Algorithmen, die den gesamten Produktionsprozess steuern. Im Film »Modern Times« stellt es sich für Charlie Chaplin als Ding der Unmöglichkeit heraus, sich als Arbeiter am Fließband eine Pause zu gönnen. Zum einen überwacht der Fabrikdirektor die Arbeit und zum anderen gibt das Fließband den Rhythmus der Tätigkeiten vor, dem man sich nicht entziehen kann. Kein Quäntchen hat dieser Kampf gegen das Fließband als Metapher an Aktualität verloren – zur Zeit der Entstehung des Films versinnbildlichte die Szene das unmenschliche Diktat der Zeit, heute könnte die Szene stehen für die Unmöglichkeit, den Algorithmen zu entkommen: Sie spulen ihr Programm ab, der Mensch bleibt eine unberücksichtigte Variable.

Durch ihre Berechnungen machen Algorithmen selbst noch die komplexesten Systeme vermeintlich durchschau- und vorhersehbar. Dabei wird die Welt verkürzt auf das in Rechenoperationen Abbildbare. Denn die Maschinen begreifen die Welt nicht, sie berechnen sie bloß. In einem solchen System muss der Mensch mit seiner Sprunghaftigkeit, seinem Abwechslungsreichtum, seiner Fehlerhaftigkeit, kurz: seiner Unberechenbarkeit immer zum Störfaktor werden. Lewis Mumford (1967) beschreibt als »Megamaschine« eine Welt, die auf einem mechanistischen Weltbild fußt und in der alles quantifizierbar und somit vorhersehbar ist. Mit dieser Messbarkeit werden alle Dinge auch beherrschbar. Das Menschliche, Kultur, Moral und Individuum, findet in der Megamaschine keinen Platz, weil es der definitionsgemäßen Voraussetzung nicht genügt: Menschen sind nicht quantifizierbar. Für *Google* ist die Megamaschine bereits

Wirklichkeit: Restlos alles an der Suchmaschine ist automatisiert, der Algorithmus herrscht. Bei allem, was das Unternehmen tut, befolgt es strikt eine Regel: Menschen erledigen bestimmte Aufgaben schlechter als Maschinen und daher sollte man diese Maschinen überlassen. Niemals greift der Mensch bei *Google* direkt ein. Sind Änderungen im Suchverhalten erwünscht, wird am Algorithmus geschraubt, der sodann auf neuer Basis seine Berechnungen durchführt. *Googles* bedingungsloser Fokus auf die Maschine ist zwar höchst effizient, könnte aber einen entscheidenden Fehler besitzen: Algorithmen dringen nicht vor bis zum Kern der menschlichen Natur. Denn hinter der Fassade ihrer Rechenleistung und Geschwindigkeit sind Algorithmen in Wahrheit ziemlich dumm. Wenn Algorithmen daher jemals zum Herrscher über unser Leben und wir zu ihren Sklaven werden sollten, dann nur aus einem einzigen Grund: Weil wir selbst dies zulassen und uns selbst zu Sklaven machen.

2.3 Daten: Das Futter der Algorithmen

Elektronische Medien sind aus unserem Alltag nicht mehr wegzudenken: Wir setzen sie in der Arbeit ebenso ein wie in der Freizeit, wir nutzen sie zur Information, Kommunikation, zum Einkaufen und zur Unterhaltung. Mit ihrem Gebrauch legen wir eine Fährte, die recht genau Aufschluss über unsere Lebensgewohnheiten gibt: Das Mobiltelefon sendet selbst beim sonntäglichen Waldspaziergang ein Signal und gibt Auskunft über unseren Aufenthaltsort, jedes Telefonat und jede SMS verrät, mit wem wir Kontakt haben und wo wir uns aufhalten, jede Aktion im Internet, jeder Bezahlvorgang mit Kreditkarte, jede Verwendung einer Kundenkarte legt eine Datenspur. All diese Daten lagern zunächst in riesigen Speichern, woraus Algorithmen sich bedienen können, um Futter für ihre Rechenoperationen zu erhalten. So werden unsere Daten zur Basis für die Berechnung unseres Lebens.

Dabei werden Informations- und Kommunikationstechnologien in Zukunft unseren Alltag noch viel stärker durchdringen als dies heute schon der Fall ist – und wahrscheinlich stärker noch, als wir es uns heute vorstellen können. Viele Objekte werden intelligent. Alltagsgegenstände sind immer häufiger mit Sensor-, Kommunikations- und Rechnertechnik ausgestattet und sammeln, speichern, verarbeiten und kommunizieren Daten. In Zukunft werden wir umgeben sein von immer mehr solcher smarten Objekte. Die Kommunikation mit Alltagsgegenständen wird uns zur Selbstverständlichkeit. Folglich werden Informationen und Dienste allgegenwärtig verfügbar sein. Computer treten in den Hintergrund, müssen nicht mehr »bedient« werden, sondern leisten unbemerkt Unterstützung. Der Autoreifen benachrichtigt den Fahrer, sobald der Luftdruck eine gewisse Grenze unterschreitet, und Arzneimittel prüfen, ob sie das Haltbarkeitsdatum überschritten haben, und erinnern den Patienten, die notwendige Dosis einzunehmen. Auch Technologien zur Ortsbestimmung von Objekten werden sich weiter verbreiten und immer neue Anwendungsmöglichkeiten finden.

Das Zukunftsszenario »mitdenkender« Objekte klingt ungemein praktisch und bequem – und doch ist es nicht ohne Wermutstropfen: In einer vernetzten Welt sind wir immer weniger Herr über unsere Daten. Was wir nämlich preisgeben und was nicht, ist in vielen Fällen nicht auf unsere bewusste Entscheidung zurückzuführen. Da immer mehr Vorgänge des täglichen Lebens auf Informationstechnik beruhen, fallen Daten gleichsam als Nebenprodukt an: wie etwa beim Bezahlvorgang mit Kreditkarte, bei der Buchung eines Mietwagens im Internet oder dem Betreten des Fitnessstudios mittels Chipkarte. Solche Daten können dann abseits ihres eigentlichen Zwecks enormes kommerzielles Potenzial entwickeln: Die Kreditkarteninformationen geben zum Beispiel ein grobes Bewegungsprofil wieder und erlauben Einblicke in die Konsumgewohnheiten des Kartenhalters, was für Marketingzwecke unzweifelhaft wertvolle Erkenntnisse sind.

Aber nicht nur beim »Produzieren« von Daten hilft die moderne Technik. Sie ist auch zur Stelle, wenn es um die Auswertung der gigantischen digitalen Datenberge geht, die in einer solchen Umgebung anfallen und die allein von Menschenhand niemals bewältigt werden könnten. Die moderne Informations- und Kommunikationstechnologie mit ihrer stets noch weiter ansteigenden Rechnerleistung und Speicherkapazität, die noch dazu immer billiger zu haben ist, macht die Daten erst brauchbar: Damit ist es heute kein Problem, in Windeseile die riesigen Datenmassen zu archivieren und zu durchforsten, in eine Ordnung zu bringen, zu durchsuchen, Muster zu entdecken, verschiedene Datenbestände zusammenzubringen und dadurch neue Erkenntnisse aus dem zunächst unsortierten Wirrwarr herauszukitzeln. Immer weniger wird in einer solchen Welt das Gerät mit seinen technischen Grenzen und Vorgaben den Ton angeben, sondern nur noch der Mensch mit seinen individuellen Anforderungen und Wünschen. Futter werden die Algorithmen ausreichend haben, auch die technische Machbarkeit wird Algorithmen nicht stoppen, Menschen und ihre Umwelt zu berechnen und Vorhersehbarkeit zu simulieren. Die Frage wird sein: Welche Entscheidungen überlassen wir Algorithmen und welche nicht?

Datenspuren in der informatisierten Welt

Die verschiedensten Lebensbereiche sind heute informatorisch abgebildet, von Informationstechnik durchdrungen und vernetzt. Angestoßen durch die Ausbreitung des Personal Computer zusammen mit der Verbreitung des Internets entstand weltumspannend die Möglichkeit, Informationsverarbeitungsprozesse unterschiedlicher gesellschaftlicher Bereiche zu integrieren. Der Prozess der schleichenden, aber fortlaufend intensivierten Durchdringung mit Technologie bezieht sich auf ausnahmslos alle Sphären unseres Lebens.

Am Arbeitsplatz wird unser Verhalten informationstechnisch abgebildet, weil immer mehr Computertechnik in Arbeitsprozesse integriert wird. Je informatisierter dabei die Art der Tätigkeit ist, desto ausgeprägter fallen die dabei hinterlassenen Datenspuren aus und desto einfacher und kostengünstiger ist eine Überwachung möglich. Dazu braucht es dann nämlich nicht einmal mehr ein menschliches Auge, weil die Kontrolle automatisiert werden kann.

Paradebeispiel für die beinahe lückenlose Abbildung der Arbeit bietet das Call Center: Beginn und Ende der Telefonate, ihre Anzahl pro Agent und die Länge der Pausen werden erfasst. Es ist ein Leichtes, diese Daten automatisch zu erheben, Kennzahlen pro Mitarbeiter zu errechnen, Vergleiche anzustellen – kurz: ein datengestütztes Profil der Arbeitsweise jedes Mitarbeiters zu generieren. Selbstverständlich können die Gespräche von den Vorgesetzten auch mitgehört werden. Aber ebenso bietet jede andere Tätigkeit vom Computer aus mannigfaltige Möglichkeiten, Daten einzusammeln, die etwas über das Arbeitsverhalten aussagen. Und sitzt der Mitarbeiter nicht vor Ort am Computer, so gibt die GPS-Ortung exakten Aufschluss über den Aufenthaltsort von Außendienstmitarbeitern. Zugangskontrollen mittels Chipkarten und die Funktion moderner Telefonanlagen, eingehende Gespräche automatisch weiterzuleiten, erlauben die Rekonstruktion des Aufenthaltsorts im Unternehmensgebäude zu bestimmten Zeitpunkten. All dies macht den Einzelnen transparenter und schränkt Spielräume bei der Arbeitsgestaltung ein. Freilich ist es eine zweite Frage, ob die vorhandenen Daten tatsächlich zu Kontrollzwecken genutzt werden, aber allein die Möglichkeit stärkt die Machtposition des Arbeitgebers. Wie einst das Fließband in der Ford'schen Ökonomie geben in der digitalen Ökonomie Softwarestrukturen den Takt der Arbeit vor: Die durchinformatisierte Arbeit zwängt den Arbeiter in ein Korsett, dem er nicht entweichen kann.

Auch in unserer Freizeit hinterlassen wir eine mehr oder weniger deutliche Datenspur. Unsere Aktivitäten im Internet beispielsweise werden genauestens beobachtet: Welche Seiten wir besuchen, wie lange wir dann dort verweilen, bei welchen Online-Shops wir kaufen – all dies gibt Aufschluss über Interessen und Wünsche, was insbesondere Werbetreibende brennend interessiert. Zusammen mit solchen Informationen, die wir selbst willentlich im Internet hinterlassen, wie z. B. Einträge in Foren oder sozialen Netzwerken, fügen sich die Daten zu Nutzerprofilen zusammen, die ein digitales Ebenbild unserer Persönlichkeiten abgeben. Mit wem wir Kontakt halten, wo wir uns aufhalten, was wir kaufen, wie wir unsere Zeit verbringen: Nichts bleibt mehr unbeleuchtet. Unser Leben wird so immer transparenter.

Und nicht zuletzt der Bereich der öffentlichen Verwaltung bleibt von der Technologieintegration nicht ausgespart. So wird seit 1999 von der Bundesregierung intensiv der Übergang zur elektronischen Verwaltung betrieben. Mit der »eCard-Strategie« soll seit 2005 eine Reihe von Projekten umgesetzt werden, die Chipkarten (eCards) mit Authentisierungs- und Signaturfunktion herausgeben und nutzen. Diese Projekte umfassen die elektronische Gesundheitskarte (eGK), den elektronischen Personalausweis (ePA), den elektronischen Reisepass (ePass), die elektronische Steuererklärung (ELSTER) und den elektronischen Einkommensnachweis (ELENA/Jobcard). Das ELENA-Verfahren, wodurch Arbeitgeber gesetzlich zur monatlichen Übermittlung der Entgeltdaten von Beschäftigten an eine zentrale Speicherstelle verpflichtet werden sollten, wurde bereits 2011 nach heftiger Kritik von Datenschützern wieder eingestellt. Unter dem Deckmantel der Entbürokratisierung wird also Staatshandeln zunehmend durch elektronische Prozesse unterstützt, personenbezogene Daten werden im großen Umfang eingesammelt und in Datenbanken zum jederzeitigen Zugriff vorgehalten. Dabei sind diese Datenbanken großteils noch isolierte Inseln im weiten Datenmeer. Aber wie lange noch? Und welche Schlagkraft entfaltet sich erst, werden die Datenbanken verknüpft und für automatisierte Datenabgleiche geöffnet? Würden die Barrieren zwischen den einzelnen Behörden aufgehoben und ließe man sie frei auf die jeweiligen Datenbestände anderer Stellen zugreifen, wäre der »gläserne Bürger« Wirklichkeit. Weil sich immer mehr überwachen lässt – von der Zustellung von Paketen über die Ausleihe von Filmen in der Videothek bis hin zur Regelung der heimischen Heizung –, wäre wohl ein lückenloses »Staatsbürgerprofil« die Konsequenz. Nach dem 11. September 2001 trat neben die Entbürokratisierung noch die Sicherheit als zweites Feigenblatt für die seitdem überbordende staatliche Datensammelwut. Transparenz und umfassende Information sollen vorbeugend Verbrechen bekämpfen. Dabei geraten auch legale Handlungen ganz selbstverständlich in das Visier der Fahnder, denn der Überwachungsschub erfasst die gesamte Bevölkerung und macht zunächst ausnahmslos jeden zum Verdächtigen. Von Rasterfahndung und Vorratsdatenspeicherung bis hin zu Antiterrordatei und präventiver Telekommunikationsüberwachung sichert sich der Staat stets neue Zugriffsrechte auf den persönlichen Bereich von Bürgern und fördert damit eine schleichende Erosion von Demokratie und Rechtsstaat, Datenschutz und Freiheitsrechten. Das Bedürfnis nach Privatsphäre und die Forderung nach Transparenz geraten heute immer häufiger in Widerspruch und befeuern die Dauerquerele zwischen Berlin und Karlsruhe: Der Gesetzgeber schafft sich Zugang zu den Daten der Bürger, der Verfassungsgerichtshof schiebt solchen Vorhaben einen Riegel vor.

Während im staatlichen Bereich jegliches Erheben und Speichern persönlicher Daten seit jeher den Verdacht des Einschnitts in die Privatsphäre aufkommen lässt und folglich Proteste auf den Plan ruft, können die Datensammler in der privaten Sphäre heute in den meisten Fällen ungehindert ans Werk gehen. Nicht nur werden sie bei ihrem Streben, ein digitales Abbild des Menschen zu schaffen, nicht behindert, durch die Datenfreizügigkeit vieler Menschen wird ihnen sogar noch bereitwilligst unter die Arme gegriffen. Während staatliche Behörden ihre Datensammelwut jeweils gegen eine Vielzahl von »Aufpassern« durchsetzen müssen, scheint sich im privaten Bereich kaum jemand zu finden, der den Datensammlern auf die Finger schaut. Der Grund dafür liegt wohl zum einen darin, dass viele sich gerne der neuen Währung, die persönliche Daten heute darstellen, bedienen, die scheinbar die Tür aufstößt zu einer Vielzahl von Gratis-Leistungen. Zum anderen läuft das Datensammeln tatsächlich vielmals im Verborgenen ab und ist zunächst gar nicht als solches zu erkennen. Das Datensammeln unter kommerziellen Gesichtspunkten ist nicht weniger imstande als das staatliche Datensammeln, zum Zwecke der Informationsgewinnung weitreichende Drohszenarios aufzubauen. Bislang wurde der Blick wenig, allenfalls punktuell, auf den Bereich des kommerziellen Datensammelns mit den dabei entstehenden Gefahren für Datenschutz, Privatsphäre und Selbstbestimmung gerichtet. Wann immer im Nachfolgenden von der entstehenden Dateninfrastruktur und deren Nutzung durch die Datensammler die Rede ist, geht es vorrangig um eben diesen kommerziellen Aspekt.

Das Netz ist ein unerschöpfliches Datenlager

Speziell das Internet speist die Datensammlungen, ist es doch aus unserem heutigen Leben nicht mehr wegzudenken: Das Web ist oft die erste Anlaufstelle, um Informationen zu suchen, Bankgeschäfte zu erledigen, um einzukaufen und um mit Freunden und Familie in Verbindung zu bleiben. Immer mehr führen wir ein Leben nicht nur *mit* dem Internet, sondern auch *im* Internet. Anfänglich war das Internet als Verbindung zwischen einzelnen Rechnern gedacht: Sämtliche Daten wurden auf diesen Rechnern gespeichert und auch die Rechenoperationen fanden auf den vielen teilnehmenden dezentralen Rechnern statt. Das Internet bewerkstelligte lediglich den Transit. Die Struktur des Internets hat sich vollkommen geändert. Heute werden mehr und mehr Daten bei großen Teilnehmern konzentriert. Riesige Diensteanbieter wie *Google* oder *Facebook* übernehmen die Speicherung und Prozessierung eines großen Anteils der Daten, die im Internet kursieren. Sie übernehmen die Kontrolle über die Daten und verfügen daher über massive Mengen privater Informationen. Denn jeder Klick, den wir scheinbar unbeobachtet von zu Hause aus machen, wird aufgezeichnet, landet in irgendeinem Datendepot und verrät, wofür wir uns zu einem bestimmten Zeitpunkt interessierten. Wer elektronisch über das Internet kommuniziert, hinterlässt unweigerlich Spuren, und zwar nicht nur auf dem eigenen Rechner. Die Verwendung eines Webbrowsers zeichnet auf dem eigenen Computer eine Vielzahl von Informationen auf: Cookies und besuchte Webseiten werden gespeichert, im Cache landen Bilder, Videos und Grafiken. Eventuell werden sogar eingegebene Formulardaten und Kennwörter gespeichert. Desgleichen werden auf fremden Rechnern Spuren hinterlassen: Auch jene Rechner, mit denen man kommuniziert, registrieren die Details des Informationsaustauschs. So speichert etwa der Webserver für jede eingehende Anfrage im Allgemeinen die IP-Adresse des anfragenden Rechners, den Zugriffszeitpunkt, die angeforderten Inhalte, den zugreifenden Browser und eventuell auftretende Fehler.

Neben den Daten, welche unbewusst quasi als Nebenprodukt anderer Tätigkeiten, wie etwa Surfen oder Telefonieren, entstehen, liegt heute auch eine Unmenge von Informationen offen zum allgemeinen Zugriff zutage, die von Internetnutzern ganz bewusst veröffentlicht wurden. Seit sich das Internet vom Web 1.0 zum Web 2.0 weiterentwickelt hat und Kommunikation nicht länger eine Einbahnstraße ist, trägt jeder Internetnutzer zum Anwachsen der im Netz versammelten Inhalte bei. Das »Mitmach-Netz« mit seinen vielen interaktiven Techniken und Diensten brachte neue Formen der Nutzung und Vernetzung hervor. Gegenüber dem traditionellen Web 1.0 rücken Äußerungen sowie die Interaktion der Nutzer in den Vordergrund. Web 2.0 steht dafür, dass das Internet von seinen Nutzern mitgeschaffen und gestaltet wird: In Foren, Communities und sozialen Netzwerken hinterlassen Websurfer personenbezogene Daten, verraten Meinungen, Interessen und Vorlieben und geben Fotos aus ihrem Privatleben zum Besten.

Eines der prominentesten Beispiele der im Zuge der Weiterentwicklung des World Wide Web zum Social Web entstandenen neuen Anwendungen sind soziale Netzwerke. Neben der Kontaktpflege und dem Austausch mit Freunden und Bekannten ist die Darbietung bestimmter Aspekte der eigenen Identität ein vorrangiges Motiv für die Teilnahme an den virtuellen Gemeinschaften, die in kürzester Zeit unglaublich an Beliebtheit gewonnen haben und deren Nutzerzahlen stetig weiter anwachsen. Das weltgrößte Online-Netzwerk *Facebook* hat mehr Mitglieder als die meisten Länder dieser Erde Einwohner haben – nur China und Indien sind größer. Soziale Netzwerke haben sich in den letzten Jahren vom Nischendasein zu einem Massenphänomen entwickelt. Sie wurden zu einem Fixpunkt im Leben der Menschen, zu einem Baustein ihrer Identität. Insbesondere seit solche sozialen Netzwerke en vogue sind, ist eine Fülle von Texten und Bildern intimster Natur öffentlich zugänglich, die tiefste Einblicke in das Innenleben und die Lebensumstände ihrer Mitglieder zulassen. Eine solche Fülle an verfügbaren Informationen über das Privatleben von Menschen war vor geraumer Zeit noch unvorstellbar. Während in der Offline-Welt soziale Kontakte zumeist keine Spuren hinterlassen, zeichnen soziale Netzwerke sämtliche Interaktionen auf und tragen dadurch einen Datenschatz zusammen, aus dem sich Unternehmen gerne bedienen, um ihre Kundenansprache zu optimieren. Es ist die Eigenart des »Mitmach-Webs«, dass es nur funktioniert, wenn persönliche Daten herausgegeben werden, aber beim Social Networking liegt der Verdacht nahe, dass Menschen mehr mitteilen, als sie wollen oder als ihnen bewusst ist – was umso brisanter ist, als die meisten sozialen Netzwerkplattformen über gute Suchfunktionen verfügen. Zwar lassen die Plattformen ihren Nutzern gewöhnlich die Wahl, welche Informationen für das gesamte Internet oder bloß im sozialen Netzwerk oder gar nur für »Freunde«, also ausgewählte Mitglieder, publik gemacht werden. Jedoch sind Informationen im Internet äußerst flüchtig: Was einmal im Netz steht, kann kopiert, heruntergeladen, versendet werden – sind solche Aktionen erst einmal passiert, hat der Urheber der Informationen keinerlei Kontrolle mehr über seine Inhalte. Es hilft dann auch nichts, sich aus der virtuellen Gemeinschaft wieder abzumelden: Das Profil mag dann zwar gelöscht sein, die Daten bleiben in der Welt.

In diesem Zusammenhang mag ein Blick auf die Taktik *Facebooks* interessieren, einen fortlaufend wachsenden Teil der Benutzerdaten einem möglichst großen Publikum zugänglich zu machen: Während 2005 die standardmäßigen Privatsphäre-Voreinstellungen von *Facebook* so gewählt wurden, dass die meisten Daten nur für »Freunde«, einige für »Freunde von Freunden« sichtbar waren, wurden die Voreinstellungen derart gelockert, dass immer mehr Arten von Daten auch allen anderen *Facebook*-Mitgliedern und schließlich sogar dem gesamten Internet zugänglich sind. Angesichts der Aufweichungen des Schutzes der Privatsphäre gab es in der Vergangenheit immer wieder Aufregung rund um *Facebooks* Voreinstellungen. Es ist nachgewiesen, dass in der »richtigen« Wahl des Default-Status unheimliche Macht liegt. Wann immer Menschen vor Auswahlentscheidungen stehen, werden sie dazu tendieren, den Status quo zu präferieren und nur dann zu einer anderen Alternative wechseln, wenn diese signifikant besser ist als der gegenwärtige Zustand. Dieses Phänomen kann bedeutende Konsequenzen haben, was sich beispielsweise bei der unterschiedlichen Handhabung von Organspenden in verschiedenen Ländern zeigt: In den USA wie auch in Deutschland werden Menschen im Todesfall nur dann als Organspender in Betracht gezogen, wenn sie sich zu Lebzeiten ausdrücklich zur Organspende bereit erklärt haben. In Frankreich hingegen müssen Menschen ausdrücklich widersprechen, wollen sie nicht zum Organspender werden. Es überrascht nicht, dass in Frankreich die Zahl der Organspender viel höher ist. (vgl. Thaler/Sunstein 2008) Diesen Umstand, der in der Trägheit von Menschen, Entscheidungen zu treffen begründet liegt, macht sich *Facebook* zunutze, um ein möglichst großes Stück vom Informationskuchen für ein großes Publikum zu öffnen. Zu Hilfe kommt *Facebook* aber auch, dass sich die gesellschaftlichen Konventionen hinsichtlich des Default-Status ändern: Bislang bestand Einverständnis darüber, dass persönliche Informationen privat bleiben sollten, solange der Betreffende sich nicht dafür entschied, sie freizugeben. Immer mehr gilt heute das Gegenteil: Information sollte öffentlich zugänglich sein, wenn es keinen guten Grund dafür gibt, sie privat zu belassen.

Werden private Daten zum Allgemeingut?

Facebooks Möglichkeiten, die Privatsphäre zu schützen, indem bestimmte Informationen für die Allgemeinheit blockiert werden können, ist ohnehin nur ein scheinbarer Schutz: Es werden sich immer Wege finden, solche Mechanismen zu umgehen und an die Daten zu gelangen. Noch weniger Kontrolle über seine persönlichen Daten hat man freilich, wenn diese von Dritten im Netz deponiert werden. So nimmt etwa das soziale Netzwerk *Facebook* beim Datensammeln ganz bewusst auch Nichtmitglieder ins Visier. Die Plattform erlaubt seinen Mitgliedern, ihr E-Mail- oder Mobiltelefon-Adressbuch zu importieren. Mit der Applikation *FriendSync* ist das für Nutzer von *Apple iPhones* ein Leichtes: Das Programm gleicht Vor- und Nachnamen,

Profilbilder und Geburtstage zwischen dem *iPhone*-Adressbuch und der Freundesliste auf *Facebook* ab. Die Internetplattform gelangt auf diese Weise an die Daten von Personen, die sich niemals bei *Facebook* registriert haben. Wenn sie auch keine Mitglieder sind – als Futter für die Algorithmen sind ihre Daten aber ab sofort gleichermaßen zu gebrauchen wie die Daten registrierter Mitglieder.

Insbesondere aber greift *Facebooks* Vision, zur dominierenden Kommunikationsplattform im Internet zu werden, nach der alleinigen Herrschaft über die Daten. Das soziale Netzwerk plant, die vier etablierten Kommunikationsformen von heute auf der eigenen Plattform zu vereinen: E-Mail, SMS, Instant Messages und die über *Facebook* selbst zwischen den Nutzern ausgetauschten Nachrichten. Vor dem Hintergrund, dass Menschen heute schon enorm viel Zeit mit dem Social Networking auf *Facebook* verbringen, würde *Facebook* somit einen Ort schaffen, an dem sämtliche medial vermittelte Kommunikation zusammenliefe. Nicht nur, dass mit einer solchen Kommunikationszentrale *Facebook* sich selbst noch mehr Aufmerksamkeit schenkte und somit die Chance auf Werbeeinnahmen erhöhte, auch gerieten durch das Sammeln der Kommunikation zwischen Menschen weitere Nicht-Mitglieder ins Netz des Datensammlers: Sobald deren Informationsaustausch über *Facebook* läuft, was allein in der Hand eines der Kommunikationspartner liegt, würde *Facebook* Herr über digitale Äußerungen auch jener Menschen, die nicht Mitglied des Netzwerks sind – und möglicherweise nie werden wollen.

Der Umgang mit persönlichen Daten und die Möglichkeiten, auch über private Daten anderer Menschen zu verfügen, werfen die Kardinalfrage der Informationsgesellschaft auf: Wem gehören eigentlich unsere personenbezogenen Daten? Das Internet hat unser Leben revolutioniert und ein immer größerer Teil des Lebens spielt sich online ab. Dabei existiert unser virtuelles Dasein immer mehr auf Servern, die von kommerziellen Organisationen betrieben werden. Haben diese das Recht, die auf ihren Servern befindlichen Daten zu nutzen? Oder diese gar weiterzuverkaufen? Haben andere Internetnutzer das Recht, Daten, zu denen sie Zugang bekommen, weiterzuverwenden? Oder sollten nicht vielmehr unsere Daten eben dies bleiben: »unsere« Daten?

Macht man sich nicht aktiv auf die Suche nach seinen persönlichen Daten und Bildern im Netz, dann weiß man nicht einmal, dass Inhalte im Internet kursieren, die die eigene Person betreffen. Je dichter das Informationsnetz gewoben wird, je mehr die Grenzen zwischen verschiedenen elektronischen Geräten fallen, diese miteinander kommunizieren und Daten austauschen können, desto weiter werden sich die Einfallstore in die Privatsphäre öffnen.

Auch scheinen mit der Generation der Digital Natives die Schranken dafür, was privat bleiben sollte, ständig weiter zu sinken. Es liegt nahe, dass die technisch versierten, vernetzten jungen Leute von heute, die Social Networking ganz selbstverständlich nutzen, im Erwachsenenalter ebenso bereitwillig persönliche Informationen öffentlich austauschen wie sie dies heute tun. Die Vorteile, die diese Generation in der Preisgabe von Daten sieht, übersteigt bei Weitem deren Bedenken über damit einhergehende Einschränkungen ihrer Privatsphäre. Wird sich mit der Generation, die wie selbstverständlich mit dem Internet aufgewachsen ist und sich eine Welt ohne digitale Kommunikation und augenblickliche Verfügbarkeit von Informationen nicht mehr vorstellen kann, die Definition von Privatheit verändern?

Einen solchen Wandel beobachtet Mark Zuckerberg, der Gründer von *Facebook*, wenn er erklärt, dass Privatheit keine »soziale Norm« mehr sei. Menschen würden heute nicht nur eine größere Menge an Informationen verschiedenster Art teilen, sondern sie tun dies auch mit gestiegener Offenheit und mit einer größeren Anzahl von Leuten. Als »Zuckerberg's Law« ist in der Internetszene seither eine Gesetzmäßigkeit bekannt, die der *Facebook*-Chef ausrief: dass nämlich die Menge von im Internet ausgetauschten Informationen sich von Jahr zu Jahr verdoppelt. Dieser Sachverhalt kommt *Facebook* natürlich nicht ungelegen, basiert doch das Erfolgsprinzip jedes sozialen Netzwerks auf der Mitteilsamkeit und Freimütigkeit seiner Mitglieder. Und die sozialen Netzwerke selbst wiederum sind es, die eben diesen Wandel weiter befeuern. Der Satz »The Age of Privacy is Over« aus dem Munde eines Mark Zuckerberg darf nicht nur als Zustandsbeschreibung, sondern wohl eher als Handlungsmaxime aufgefasst werden: *Facebook* zeichnet nicht nur den gesellschaftlichen Wandel nach, sondern ist ganz wesentlich Motor desselben.

Wie schnell und drastisch sich durch die Verbreitung der sozialen Medien die Einstellung der Menschen geändert hat, demonstriert nur zu gut die Geschichte von *Facebook* selbst: 2004 als exklusives Netzwerk für Studenten der Harvard University gegründet, öffnete sich die Plattform Schritt für Schritt für weitere Universitäten, expandierte ins Ausland, bis schließlich 2006 jedermann älter als 13 Jahre zur Anmeldung zugelassen wurde. Die Öffnung des Netzwerks hin zu einem allgemeinen Nutzerkreis war begleitet von der stetig weiter abnehmenden Kontrolle über persönliche Daten durch die Nutzer und den vermehrten Möglichkeiten für die gesamte Öffentlichkeit, diese Daten im Netz einzusehen. Hat Mark Zuckerberg tatsächlich keine Hintergedanken, wenn er sich nichts Geringeres zum Ziel macht, als die Welt zu verändern? Auf seiner eigenen *Facebook*-Profilseite erklärt der Chef des

Netzwerks, dass er die Welt offener machen möchte, indem er Menschen dabei unterstützt, sich zu vernetzen und untereinander auszutauschen. Ob das edle Ziel einer transparenteren Welt nun ehrlich gemeint oder bloß eine Werbemasche ist – in jedem Fall steht fest: Noch nie zuvor wurde das Private derart kommerzialisiert wie *Facebook* dies tut.

Die Geschäftsmodelle der sozialen Netzwerke und der vielen anderen Datensammler stehen und fallen mit der veränderten Einstellung gegenüber Privatheit, Offenbarung von Persönlichem und schierem Darstellungsdrang. Es ist ganz einfach: Der Fluss an Daten darf nicht versiegen, fressen sich Algorithmen in immer weitere Bereiche unseres Lebens vor. Dabei kommen den Datensammlern der Darstellungsdrang und die Identitätssuche der Menschen im Internet gerade zupass. Aber warum kehren Menschen im Netz ihr Innerstes nach außen?

In der Anerkennungsökonomie haben Datensammler leichtes Spiel

Als Triebkraft der neuen Freizügigkeit mit den eigenen persönlichen Daten kann leicht ein Kampf um Wahrnehmung und Aufmerksamkeit ausgemacht werden, der auf Social-Networking-Plattformen tobt und zum Gebot der Stunde wird. Es ist nur konsequent, dass neue Wege der Kommunikation auch zu neuen Möglichkeiten führen, Aufmerksamkeit zu erregen und Anerkennung zu erhalten. Anerkennung war immer schon eine Triebfeder für Menschen: Sie bestimmt in hohem Maße, was wir tun, wie wir es tun und nicht zuletzt auch unser Denken. Warum sollte sich diese Logik im digitalen Raum nicht fortsetzen? Jede E-Mail, jeder Anruf, jede SMS ist ein Signal dafür, dass jemand mir Aufmerksamkeit schenkt, mit mir in Kontakt treten möchte. Die ständige Erreichbarkeit von heute, der damit einhergehende Kommunikationszwang schränken zwar erheblich unsere Freiheitsräume ein, nichtsdestotrotz findet sich kaum noch jemand, der sich den Einschränkungen nicht gerne hingibt: Der Kommunikationsdruck – an jedem Ort und zu jeder Zeit – ist der Weg zu Aufmerksamkeit. Die moderne Kommunikationstechnologie zwingt uns in einen Wettlauf um Beachtung, denn nur wer wahrgenommen wird, dem sind Anerkennung und letztlich Einfluss sicher.

In einer Welt, die geprägt ist durch schwache Bindungen und immer weniger Vertrauensbeziehungen, stellt sich für die Menschen die Frage nach der Herausbildung einer Identität und der Anerkennung durch andere neu und andersartig. Denn Identität entsteht immer nur im Zusammenwirken mit der Umwelt; die Anerkennung, die wir von anderen erhalten, schärft unser Bild vom »Selbst«. Aber die natürlichen Orte der Anerkennung schwinden; was früher den Kitt zwischen Familienmitgliedern, Freunden oder auch Kollegen ausmachte, holt man sich heute beim digitalen Freundeskreis. Der Mensch in seinem sich immer weiter digitalisierenden Alltag muss sich die Frage stellen, wie er inmitten der virtuellen Netzwerke sein »Selbst« begreift, in welchen Erwartungsstrukturen er lebt und welche Rollenanforderungen an ihn gerichtet sind. Dabei verliert sich die Beantwortung dieser Fragen in Beliebigkeit: Anerkennung wird heute gemessen in *Google*-Treffern, der Anzahl von Lesern eines Blogs, der Anzahl von »Freunden« auf *Facebook* und an Kontakten auf professionellen Networking-Plattformen wie *Xing* oder *LinkedIn*. Und unsere Identität gestalten wir nach Belieben und je nach Tagesverfassung: Wie wir unser Profil auf *Facebook* präsentieren, ist wohl in den meisten Fällen weniger von Tatsachen als vielmehr von Wunschvorstellungen getrieben.

Dass nämlich das Netz eine beinahe unerschöpfliche Quelle von Anerkennung ist und wir außerdem großen Einfluss darauf nehmen können, in welcher Form und Menge Anerkennung zu erhalten ist, das haben die Menschen schnell gelernt. Viel einfacher als nach Identität und Individualität zu suchen ist es heute, sie zu konstruieren. Die Anerkennung aus dem Internet ist für uns zum Vehikel für die Identitätssuche geworden, wir forschen nicht länger, sondern gestalten unser »Selbst« nach Lust und Laune. Dies freilich entspricht voll und ganz unserer Zeit: Die Forderung nach ständiger Flexibilität lässt neue Gemeinschaften entstehen, die unverbindlich, schnell und einfach zu bedienen sind. Ohne Zeitverschwendung laufen wir geradewegs auf unser Ziel zu. Die über Medien vermittelte Interaktion läuft ohne jeglichen »Ballast« ab; sie umgeht kulturelle Normen, Subtilität und leise Zwischentöne sowie kulturelle und interpersonelle Komplexität.

Es ist ein Leichtes, zu sehen, wohin der Drang zur Selbstdarstellung, das Ringen um Anerkennung führen: Dabei sein ist alles! Ständig muss das Netz gefüttert werden, die Datenspur darf nicht versiegen, das virtuelle Selbst muss Konturen annehmen. Den Algorithmen spielt das ununterbrochene Freigeben neuer Daten in die Hände: Sie müssen nur noch einsammeln, was ausgesandt wird.

2.4 Auf dem Weg in die totale Informatisierung des Alltags

Die Allgegenwart der Informationstechnologie führt dazu, dass die Off- und Online-Welten immer stärker zusammenwachsen. Immer weniger »gehen wir ins Netz«, da wir das Internet nicht mehr »an- und ausschalten«, sondern es begleitet uns ständig. Mit der starken Verbreitung des mobilen Internets wird das Wandeln zwischen der virtuellen und der realen Welt bald ein ebensolcher Anachronismus sein wie es heute das Betreten einer Telefonzelle ist, um in der Öffentlichkeit zu telefonieren. Es entsteht eine Informationsinfrastruktur völlig neuer Qualität und ungekannten Ausmaßes. Wie eine unsichtbare Schicht legt sich ein dicht gewebtes Datennetz über unser Leben, das uns situationsgerecht unterstützt, Informationen exakt dann bereithält, wenn wir sie benötigen, aber gleichzeitig auch Auskunft gibt über die kleinsten Details unseres Lebenswandels. Daten werden immer und überall abrufbar und in die verschiedensten algorithmisierten Verfahren einfließen.

Wie das unsichtbare Netz aus Informationen stetig dichter wird und dazu beiträgt, dass unser reales und virtuelles Leben eins werden, lässt sich gut anhand der Erfolgsgeschichte von *Google* demonstrieren. Das Unternehmen präsentiert in rasantem Tempo Neuerung auf Neuerung. Der Konzern überzieht die Welt mit einem Netz aus Daten, unterstützt bei der Organisation vorhandener Informationen und macht sich dadurch unverzichtbar.

Alles beginnt mit der Suchmaschine. Mit seinem Kerngeschäft ist Google Marktführer und liefert jeden Tag Millionen von Antworten auf die verschiedensten Suchanfragen. Ganz nebenbei sammelt die Suchmaschine aber auch Daten über ihre Nutzer: Protokolliert werden IP-Adresse und die benutzte Browser-Version. Wer die Nutzer aber sind, weiß *Google* zu diesem Zeitpunkt noch nicht. Den Namen des Nutzers erfährt *Google* erst dann, wenn dieser sich einen *Google*-Account eingerichtet hat, um eine der vielen Online-Anwendungen (z. B. *Google-Mail*, Fotobearbeitungssoftware *Picasa*, *Text & Tabellen*, *Google Kalender*) zu nutzen. Persönliches wird dann verbunden mit dem Namen auf den Servern von *Google* gespeichert. Mit dem Handy-Betriebssystem *Android* ist *Google* auch auf dem Mobilfunkmarkt zur zentralen Internet-Schnittstelle geworden. Das Gratis-Betriebssystem ist für Smartphones allerdings nur dann vernünftig einsatzfähig, wenn man sich zu *Google*-Diensten wie *Mail*, *Kalender*, *Text & Tabellen* anmeldet. Die Funktionalitäten eines Smartphones können also nur um die Preisgabe der Anonymität im Internet erkauft werden. Da *Android*-Telefone zumeist einen GPS-Empfänger besitzen und *Google* dank *StreetView* sämtliche Informationen besitzt, die zum Navigieren notwendig sind, wird der Konzern auch zum Anbieter von Navigationssoftware. Damit verfügt *Google* nicht mehr nur über die Information, was seine Nutzer im Netz tun, sondern zusätzlich, wo sie sich befinden und wo sie hinwollen. Wie die unendlichen Wissensvorräte des Internets mit realen Orten und Objekten – und möglicherweise auch bald Menschen – verbunden werden, macht *Google* mit seiner Applikation *Goggles* vor: Damit dehnt der Konzern die Suche auf die reale Welt aus. Dazu muss lediglich mit dem Mobiltelefon ein Foto des Objekts, welches von Interesse ist, gemacht werden und schon durchsucht *Google* das Web nach geeigneten Treffern und gibt passende Informationen zum Gegenstand des Interesses auf dem Display aus. Der Reiseführer war gestern: Passiert man auf einer Reise eine Sehenswürdigkeit, deren Namen man nicht kennt, aber wozu man mehr wissen möchte – ein Foto davon reicht aus und *Google* liefert alles Wissenswerte zum fotografierten Objekt. Interessiert man sich für ein Buch, knipst man das Cover und sucht nach Rezensionen, möchte man wissen, wie ein bestimmter Wein schmeckt, lichtet man das Etikett ab und durchforstet das Internet nach Besprechungen. Somit versieht *Google* die ganze Welt mit Untertiteln. Die Software ist vorerst zwar auf Sehenswürdigkeiten, Bücher, Kunstgegenstände, Lokale, Wein und Logos beschränkt, denkbar ist jedoch durchaus auch eine Gesichtserkennung mit anschließender Ausgabe von Informationen zur Person auf dem Display. Diese Funktion ist – noch – nicht freigeschaltet. Erst in diesem Fall würde die Applikation ihre wahre Sprengkraft entfalten: Auf Tastendruck würde man *Facebook*-Profil, *Twitter*-Kurzmeldungen und andere Details aus dem Leben seines Gegenübers aufs Handy-Display geliefert bekommen. Im Nu wüsste man, wo der Gesprächspartner oder jeder beliebige Passant arbeitet, woher er kommt, wie alt er ist, wo er wohnt, welche Musik er gerne mag und noch vieles mehr. Bedeutet dies das Ende der Anonymität im öffentlichen Raum?

Ähnliches bietet der Versandhändler *Amazon* an: Das Foto eines beliebigen Gegenstands reicht aus, um ihn in *Amazons* Produktkatalog zu suchen. Hat der Internethändler das Objekt im Angebot, leitet er auf die Verkaufsseite weiter. Vorbei sind die Zeiten des großen Rätselratens, wo wohl die Person vor mir in der Warteschlange die schicke Tasche gekauft haben mag: Foto geknipst, *Amazon* befragt und mit etwas Glück ist das gute Stück auch sogleich gekauft.

Während *Goggles* und *Amazons* Produktsuche per Foto darauf beruhen, Bilder abzugleichen und dazu passende Informationen zu liefern, ist es das Ziel von Augmented Reality, die gesamte Wirklichkeit mit einer Schicht computergenerierter Daten zu überlagern, die jederzeit verfügbar sind. Die erweiterte Wirklichkeit soll Menschen helfen, sich in ihrer Umgebung zurechtzufinden, indem ein Informationssystem aufgebaut wird, das die jeweilige Umgebung, in der wir uns gerade bewegen, näher beschreibt. Moderne, internetfähige Mobiltelefone sollen das Zugangstor zu dieser Welt sein. Sie sind bereits heute ausgestattet mit allem, was es dazu braucht: einer Kamera, einer

Verbindung zum Satellitennavigationssystem GPS, einem Rechner und einem Bildschirm. Das Smartphone als moderner Wegweiser? Einfach das Mobiltelefon hochhalten und den Weg zur nächstgelegenen U-Bahnstation angezeigt bekommen, den kürzesten Weg zum geparkten Auto, zur nächsten Pizzeria oder zur nächsten Post, wenn wir gerade eine Briefmarke benötigen. Die Suche einer neuen Wohnung wird zum Spaziergang: Immobilien, die zum Verkauf stehen, werden am Display des Smartphones angezeigt und gleich noch dazu Bilder aus dem Inneren der Wohnung und die Kontaktdaten des Maklers. Forscher träumen natürlich schon weiter: Werden uns die Umweltinformationen heute noch auf das Display unseres Mobiltelefons gespielt, so sollen sie künftig auf Kontaktlinsen projiziert werden. Das hieße, wir bewegen uns durch die Welt und hätten ständig Namen, Fakten und Nachrichten über das jeweilige Umfeld mit den sich darin befindlichen Menschen vor Augen. Dank totaler Vernetzung kann jeder über alles und jeden alles wissen. Nicht länger brauchen wir uns nur auf unsere fünf Sinne zu verlassen, da unsere Umgebung stets angereichert wird mit allen im uns umgebenden Datennetz zur Verfügung stehenden Informationen.

So bietet die schöne neue Welt der erweiterten Wirklichkeit etwa die Möglichkeit, den Nutzern virtuelle Werbung ins Blickfeld zu schicken – und das so passgenau wie nie zuvor. Nähert man sich einem Supermarkt, erhält man die neuesten Sonderangebote geschickt, ist man auf der Suche nach einer neuen Skiausrüstung, was natürlich aus diversen Recherchen im Internet und Äußerungen auf *Facebook* oder *Twitter* schon bekannt ist, wird sich der nächstgelegene Sportladen melden und ein unwiderstehliches Angebot unterbreiten. Zukünftig sucht nicht der Kunde nach Angeboten, die Angebote finden den Kunden. Damit wären auch unerwünschte Werbe-E-Mails plötzlich keine Erscheinung mehr, mit der wir nur im virtuellen Leben zu kämpfen hätten, Spam breitet sich dann auch in unserer alltäglichen Realität aus – auch in dieser Hinsicht würden reale und virtuelle Welt verschmelzen.

Im »Internet der Dinge« wissen schlaue Gegenstände alles über uns

Eine weitere Entwicklung ist dafür verantwortlich, dass unser Alltag informatisiert und allen möglichen algorithmisierten Verfahren zugänglich gemacht wird. Zunehmend entstehen intelligente Umgebungen, indem der Mensch an jedem Ort und zu jeder Zeit von eingebetteten und untereinander vernetzten Systemen umringt ist. Die physische Welt und das durch die vernetzten Alltagsdinge aufgespannte Informationssystem verschränken sich untrennbar. Informationstechnologie wird immer allgegenwärtiger. Als pervasives oder ubiquitäres Computing wird der Trend bezeichnet, dass immer mehr Datenverarbeitung in Gebrauchsgegenstände des täglichen Lebens integriert ist. Dadurch sind wir in Zukunft von immer mehr schlauen Gegenständen umgeben, die intelligent und situationsbezogen auf Benutzerbedürfnisse und die Umwelt reagieren und die in ihrer Gesamtheit ein Informations- und Kommunikationssystem bilden, das offen vernetzt ist und ohne Medienbrüche auskommt. Das »Internet der Dinge« funktioniert größtenteils ohne menschliche Intervention. Das viel bemühte Beispiel des Kühlschranks, der selbständig Milch nachbestellt, sobald diese zur Neige geht, mag zwar nicht jedermanns Sache sein, doch ist das intelligente Haushaltsgerät das Paradebeispiel dafür, wohin die Reise geht: Computer, die scheinbar verschwinden und gleichzeitig doch überall sind, werden weitreichende gesellschaftliche und ökonomische Auswirkungen haben.

Die Allgegenwart der Informationstechnologie führt auf diese Weise dazu, dass sich reale und virtuelle Welt überlagern und miteinander verschmelzen. Ist die Welt erst voller smarter Dinge, wird die Unterscheidung zwischen offline und online irrelevant: »Ich geh' mal schnell ins Internet« wird dann eine Aussage von gestern sein. Die Auflösung der Grenze zwischen virtuell und real wird die Computernutzung radikal ändern: Da die Rechner in einer Vielzahl von Gegenständen integriert und »unsichtbar« sind, werden sie nicht mehr bewusst als solche betrachtet und auch ihre Nutzung entzieht sich der bewussten Wahrnehmung. Die herkömmlichen Ein- und Ausgabemedien wie etwa Tastatur, Maus und Bildschirm werden verschwinden, stattdessen werden wir mit den Dingen direkt kommunizieren. Unsere Kleidung, Möbelstücke, Autos, Uhren werden mit uns in Kontakt treten und sich auf unsere Wünsche entsprechend einstellen; gleichermaßen werden sie sich untereinander austauschen, ebenso mit den Gegenständen anderer Personen. Die schlauen Gegenstände der Zukunft werden sich spontan vernetzen und intelligent kooperieren sowie auf Informationen, die in Datenbanken oder im Internet gespeichert sind, zugreifen und sogar Internetdienste nutzen können. So wird uns unsere Umgebung selbsttätig Aufgaben abnehmen – und diese Aufgaben werden im Laufe der Zeit stets vielfältiger werden. Unsere Wünsche werden vorausschauend erfüllt werden, weil die Integration von Sensorik, Aktorik, Kommunikation und Rechenleistung mit Hilfe eingebetteter Systeme in Objekte und Umgebungen völlig neuartige Dienste erlauben wird. Sind Alltagsgegenstände, wie etwa Tassen, mit Sensoren und Aktoren ausgestattet, sodass diese mit der Umgebung Daten austauschen können, dann kann mit geeigneten Sensoren der Objektkontext (Benutzung, Bewegung,

Füllstatus, ...) erfasst werden. Die Anwendungsmöglichkeiten in einem solchen Szenario sind vielfältig: Denkbar wäre etwa ein Serviceroboter, welcher imstande ist zu erkennen, dass eine Tasse leer ist, um sie in die Spülmaschine einzuräumen. Unsere Umgebung wird immer stärker von Systemen durchsetzt sein, die unaufdringlich im Hintergrund selbständig Daten sammeln, verarbeiten und transportieren. Und dies alles, um Menschen umgebungsabhängiges Wissen verfügbar zu machen und mit Hilfe verschiedenster Dienste die Lebensqualität zu verbessern, ohne dass die zugrundeliegende Technologie zutage tritt.

Die neuen Möglichkeiten, die sich mittels drahtloser Identifikationstechnologie, integrierter Sensorik und fortschreitender Miniaturisierung auftun, werden Anknüpfungspunkt sein für viele neue Dienstleistungen, die uns das Leben vereinfachen sollen. Die unauffällige Einbettung von Technologie in Alltagsgegenstände eröffnet ein neues Paradigma des Umgangs mit Computern. Rechenleistung wird überall sein und unser Leben bequemer, sicherer und effizienter machen, jedoch öffnen sich durch diese Technologie auch Wege zu neuen Möglichkeiten der unbemerkten Überwachung. So nutzen Unternehmen die neuen Technologien etwa nicht nur, um den reibungslosen Fluss von Paketen, Bauteilen und Produkten überwachen und steuern zu können, sondern dehnen dieses Vorgehen auch auf die detaillierte Überwachung und Überprüfung der Mitarbeiter aus. Allgegenwärtiges Computing erlaubt damit die Ausdehnung der Überwachung über den Rechnerarbeitsplatz hinaus. Schon bald wird der betriebliche Fuhrpark vollständig mit GPS-Ortungssystemen ausgestattet sein, die die lückenlose Verfolgung der Tagesabläufe der Fahrer zulassen. Auch Sicherheitsfirmen überprüfen durch elektronische Wegmarken, ob ihr Wachpersonal die vorgesehenen Runden dreht. Aber nicht nur Unternehmensmitarbeiter geraten ins Visier: RFID (Radio Frequency Identification)-Funketiketten werden mehr und mehr in Supermärkten eingesetzt, etwa in Einkaufswagen und -körben, um die Bewegungen der Kunden zu verfolgen und diese in der Folge zur erfolgreichen Platzierung von Produkten analysieren zu können. Auch auf Produkten selbst werden die Etiketten immer öfter angebracht, um Lieferketten und den Lagerbestand effizienter im Griff zu behalten sowie Self-Checkout zu ermöglichen – dagegen ist aus Kundensicht natürlich nichts einzuwenden, jedoch hören die eingekauften Lebensmittel auch nicht auf, ihre Funksignale zu senden, nachdem sie zu Hause angekommen sind. Außerdem sind auch Reisepässe mit den Etiketten ausgestattet und immer mehr Bibliotheken nutzen sie, um Inventur und Verleihprozess ihrer Bücher zu optimieren.

Alles scheint also möglich: Die Einsatzfelder des allgegenwärtigen Computers sind so vielfältig wie das Leben selbst. Dabei werden immer weniger die Grenzen der Machbarkeit technischer Art sein, sondern vielmehr wird sich die Frage in den Vordergrund drängen, was wirtschaftlich sinnvoll und rechtlich wünschenswert ist. Das Anwendungspotenzial jedenfalls ist riesig, und schon aus diesem Grund wird die Verbreitung des ubiquitären Computers nicht aufzuhalten sein.

Ohne Zweifel wird ein solcher Wandel im Umgang mit Computern weitreichende Konsequenzen für unser tägliches Leben haben. Aber auch die Auswirkungen auf Datenentstehung und -nutzung werden massiv sein. In einer Welt des allgegenwärtigen Computings werden Unmengen von Daten erzeugt – die Datenmengen werden ein Vielfaches des bereits heutigen Umfangs ausmachen; diese Daten stellen das Rohmateriallager dar, aus dem Algorithmen schöpfen, um ihre Berechnungen anzustellen. Dass wir eine Datenspur legen, wenn wir uns im Internet bewegen, wenn wir also online shoppen, Reisen buchen, mit Freunden oder Geschäftspartnern kommunizieren, ist längst nichts Neues mehr, eine Welt, in der wir von smarten Dingen umgeben sind, würde diese Datensammlung aber auf die Offline-Welt ausdehnen: War die Preisgabe von Daten und somit die Schaffung von Überwachungsmöglichkeiten bisher klar für den Nutzer abgrenzbar (man konnte sich aus dem Internet ausloggen, das Mobiltelefon ausschalten), so fällt im Zeitalter des ubiquitären Computings die Grenze zwischen offline und online. Die uns umgebenden intelligenten Gegenstände sind immer aktiv und registrieren unser Verhalten zu jeder Zeit, um sich entsprechend darauf einzustellen: Wenn intelligente Firmengebäude mit Büroausweisen kommunizieren, so verfügen sie in der Regel über detaillierte Bewegungsmuster. Autoreifen alarmieren den Fahrer bei nachlassendem Luftdruck, Medikamente und Lebensmittel machen sich bemerkbar, wenn das Ablaufdatum näherrückt. Kleidung wird den Blutdruck messen und über unsere Befindlichkeit wachen. Je intelligenter die Gegenstände werden, desto mehr werden sie über uns wissen. Der Autoreifen mag zunächst nur so klug sein, den Luftdruck zu beobachten und bei Über- oder Unterschreiten von Grenzwerten einen Alarm auszulösen. Intelligente Gegenstände können aber auch so gestaltet werden, dass sie mit Menschen und mit anderen smarten Dingen kommunizieren, ihren Aufenthaltsort feststellen, herausfinden, welche anderen smarten Dinge in ihrer Umgebung sind, was gerade in ihrer Nähe passiert, und sie werden sich merken können, was in der Vergangenheit mit ihnen geschah. Verfügt der Autoreifen über all diese Fähigkeiten, so ist er bestens über Bewegungen, Interaktionen und vieles mehr informiert. Keine Nische unseres Lebens bliebe unbeleuchtet, schöpfte man das »Wissen« aller smarten Dinge ab, die uns umgeben.

Auch die Tatsache, dass die öffentliche Infrastruktur immer mehr auf informationstechnischen Anwendungen beruht, verflüssigt die Grenzen zwischen real und digital. Der Einsatz so genannter Smart Meter im Energiesektor lässt neben der Strom- eine Informationsinfrastruktur entstehen, die einiges über unser Verhalten transportiert. Die intelligenten Stromzähler erheben Verbrauchsinformationen in Privathaushalten und sorgen dafür, variable Leistungsentgelte in Abhängigkeit von der Gesamtnachfrage und Netzauslastung berechnen zu können. Die so genannten Smart Meter übermitteln Verbrauchsinformationen selbständig an das Versorgungsunternehmen und sollen dabei helfen, den Stromverbrauch transparent zu machen und auf diese Weise Energie(kosten) zu sparen. Auch wenn dies auf den ersten Blick harmlos erscheint, so erhalten auch diese Daten in fremden Händen oder in Verknüpfung mit anderen Daten ihre explosive Kraft. Neben dem unzweifelhaften Nutzen für Energieverbraucher öffnet diese Technologie auch Tür und Tor für das massive Sammeln persönlicher Daten. Der Stromanbieter erhält mit den Verbrauchsinformationen auch recht genaue Auskunft über Tagesablauf und Gewohnheiten der jeweiligen Bewohner: ob diese zu Hause sind oder in Urlaub, wann sie morgens aufstehen und abends nach Hause kommen, ob medizinische Geräte oder Werkzeuge im Einsatz sind, wann Wäsche gewaschen wird oder der Fernseher läuft und überhaupt wie die Freizeit verbracht wird. Man stelle sich vor, dass das Elektrizitätsunternehmen die Informationen, wann und wie lange in unserem Haus der Fernseher läuft, an die Krankenversicherung weiterleitet. Diese leitet dann aus diesen Verbrauchsdaten ab, dass wir einen wenig sportlichen Lebensstil pflegen. Und weil wir gerne bargeldlos und mit Kundenkarte unsere Einkäufe bezahlen, erhält die Versicherung dazu noch eine Liste unserer Supermarkteinkäufe. Damit wird das Profil schärfer: Wir bewegen uns nicht nur wenig, sondern ernähren uns zudem ungesund. Werden solche Informationen künftig Einfluss auf die Höhe der Versicherungsprämien haben? Auch im Gesundheitsbereich bei eHealth-Anwendungen zur Telemedizin und zum Telemonitoring sowie im Verkehrsbereich bei intelligenten Verkehrssystemen finden sich ähnliche Entwicklungen: Stets findet eine Zunahme von Messdaten statt, die auf konkrete Personen bezogen werden können und ein Abbild ihres Lebens liefern.

Auch wenn kein Grund zur Annahme besteht, dass all diese Organisationen die Daten, die unser Leben bequemer, sicherer, nachhaltiger und kostengünstiger gestalten sollen, an Außenstehende weiterleiten, so gibt schlicht die

Möglichkeit, dies zu tun, Grund genug zum Nachdenken. Immerhin berührt das Wissen darum, was wir in unseren Wohnungen und Häusern tun, den innersten Kern dessen, was wir als unser Privatestes ansehen. Smarte Anwendungen eröffnen ein gewaltiges Einfallstor in unsere Privatsphäre, weil sie ein solch exaktes Bild unseres Lebens schaffen wie kaum eine andere Technologie. Und neben der Werbeindustrie ist noch eine riesige Menge an anderen Interessenten für diese Daten denkbar und dankbar: Kriminelle könnten Einbrüche auf Basis der Kenntnis exakter Tagesabläufe planen, Versicherungsunternehmen erhalten Einblicke in unseren Lebenswandel, Scheidungsanwälte wissen, ob wir unsere Kinder umsorgen oder sie vor dem Fernseher »parken«, und die Polizei täte sich um einiges leichter, Alibis zu prüfen: »Sie sagen also, Sie waren zu Hause und saßen vor dem Fernseher? Ihr Stromverbrauch sagt aber etwas anderes …?!« Auch wenn diese Beispiele heute noch weit hergeholt klingen, so wird sich über kurz oder lang jemand finden, der die Daten in der einen oder anderen Weise zweckentfremdet benutzt.

Kaum eine Entwicklung fördert den Datenreichtum dermaßen wie es die Aufweichung der Grenze zwischen Online- und Offline-Welt tut. Offenbarten die Datenspuren bislang nur einen relativ kleinen Ausschnitt von Personen (dieser blieb im Wesentlichen beschränkt auf das Surfverhalten), so tut sich in einer Welt voller intelligenter Alltagsdinge ein recht facettenreiches Bild unseres Verhaltens, unserer Gewohnheiten, Interessen, Neigungen und Befindlichkeit auf. Der legendäre Satz Paul Watzlawicks, dass man »nicht *nicht* kommunizieren« könne, wird wahrer denn je: weil wir immer und überall interagieren, mit Computern nämlich, die in Alltagsgegenständen integriert sind und jedes unserer Signale einfangen. Wir steuern die Dinge, ohne es überhaupt zu wissen. Denn intelligente Gegenstände agieren selbständig, allerdings immer aufgrund dessen, wie sie unser Verhalten interpretieren. Die Dinge lernen uns kennen und agieren entsprechend. Eine smarte Klimaanlage wird nach kurzer Zeit wissen, welche Raumtemperatur wir bevorzugen, einfach weil sie uns in der Vergangenheit beobachtet hat und sodann selbst weiß, welche Temperatur sie einzustellen hat. Solcherart sind vernetzte Computer in den Alltag der Menschen eingeflochten, sie werden unsichtbar, sind aber doch überall. Unsere Dinge beobachten uns, ziehen daraus ihre Schlüsse und handeln entsprechend – im besten Fall interpretieren sie unsere Wünsche und Bedürfnisse in unserem Sinne.

3 Alles wird berechenbar

» Wo das Rechnen anfängt, hört das Verstehen auf. «
Arthur Schopenhauer, deutscher Philosoph, 1788–1860

3.1 Digitale Parallelwelten: Der Mensch wird zum Datenprofil

Waren Personen früher durch gerade einmal eine Handvoll demografischer Daten zu beschreiben, so gelingt es heute, digitale Abbilder von Menschen zu schaffen: Die Myriaden an Daten, die wir heute bei den verschiedensten Lebensäußerungen verursachen, macht den Menschen zum berechenbaren Datenprofil – zusammengefasst aus seinem datenmäßig abgebildeten Verhaltens-, Bewegungs- und Interessensmuster. Zunächst werden zwar lediglich Daten gesammelt, die für sich genommen zumeist nutzlos und »tot« – da nicht kontextgebunden – sind, doch steht immer ausgeklügeltere Software zur Verfügung, die den Massen von Daten Leben einhaucht: Etwa durch Aggregation oder Strukturierung werden die zunächst wenig aussagekräftigen Rohdaten zu Informationen veredelt. Indem schließlich der Mensch die anwendungs- oder situationsbezogene Bedeutung von Informationen erkennt und aus der mehr oder weniger beliebigen Flut von Informationen die relevanten herausfiltert und in geeigneter Weise aufbereitet, entsteht aus den Informationen anwendbares Wissen. Der Kontext, in den die Informationen eingepasst werden, sowie die durch das generierte Wissen ausgelösten Aktionen variieren dabei, je nachdem, ob sich der Arbeitgeber, die Polizei, ein werbendes Unternehmen oder der eigene Ehepartner für die hinterlassenen Datenspuren interessiert.

Auch wenn die meisten der erzeugten Daten isoliert gesehen als völlig unbedeutend und wenig brisant gelten können – was gibt man schon preis mit seinen Hobbys, Reisezielen, Supermarkteinkäufen? –, so steigt die Brisanz schnell an, wenn die Kontexte verändert werden: Informationen über unsere

Gesundheit sind beim Hausarzt gewöhnlich gut aufgehoben, in den Händen des Arbeitgebers oder eines Versicherungsunternehmens wollen wir sie nicht wissen; was wir Freunden erzählen, ist nicht Sache staatlicher Behörden, und nicht alles, was der Ehepartner weiß, geht die Polizei etwas an. Aber nicht nur die Kontextänderung steigert die Bedeutsamkeit der gesammelten Daten: Auch wenn isolierte Datenbestände zusammengeführt werden, verwandelt sich der Datenfriedhof zum Wissensschatz, weil ein umfassendes Profil eines Menschen gebildet werden kann und Muster ersichtlich werden. Isoliert betrachtet mögen viele unserer Daten in Händen Dritter inhaltsleer und harmlos sein, je mehr Mosaiksteinchen von Informationen aber über jemanden vorhanden sind und konsolidiert werden, desto höher wird deren Aussagekraft, weil das Bild, das sich von dem betroffenen Menschen zeichnen lässt, vollständiger wird.

Und die Rohmasse der Daten nähren wir immerfort: Jedes Telefonat, jede SMS, jeder Bezahlvorgang mit Kreditkarte, jeder Einkauf im Internet, jede E-Mail, jeder Eintrag in Profile auf sozialen Netzwerken lässt den Datenberg anwachsen, aus dem sodann geschöpft werden kann, um Aufschluss über das Verhalten, die Interessen und Neigungen sowie sonstige Eckdaten des Lebens von Menschen zu erhalten. Die zunächst harmlos scheinenden Datenspuren fügen sich sodann zu Bewegungs-, Beziehungs-, Verhaltens- und Persönlichkeitsprofilen zusammen, die das digitale Abbild eines Menschen sind.

Online-Werbevermarkter nutzen die im Netz hinterlassenen Spuren schon lange, um sich ein möglichst exaktes Bild von Surfern zu machen und dann passgenau Werbung schalten zu können: Wer sich also im Netz auf die Suche nach einem neuen Auto begibt und dabei auf allen möglichen einschlägigen Webseiten vorbeischaut, um Informationen einzuholen, sollte bei zukünftigen Ausflügen ins Internet nicht überrascht sein, Autowerbung vorgesetzt zu bekommen. Dabei ist ein regelrechter Wettlauf um die schlauesten Technologien entbrannt: An vorderster Front kämpfen werbetreibende Unternehmen, die ihre Kunden besser »kennenlernen« möchten. Diesen gegenüber stehen Schützer der Privatsphäre, die sich die Verfolgung nicht gefallen lassen wollen. Bislang setzten die meisten Unternehmen auf die Technologie der Cookies, mit deren Hilfe vom Webserver Dateien – gleichsam Krümeln eines Kekses – auf dem Computer des Anwenders hinterlassen werden, die beim nächsten Aufruf des Webservers bestimmte Informationen an diesen senden. So wie die Cookies wurden allerdings auch die Abwehrversuche stets klüger.

Aber es braucht auch gar keine Cookies, um Internetsurfer im Netz zu verfolgen: Jedes Mal, wenn wir eine Webseite besuchen, geben wir eine ganze Menge über die Konfiguration unseres Computers preis. Da es kaum zwei

Computer auf der Welt gibt, die in ihren Einstellungen identisch sind, gleicht diese Information einem Fingerabdruck, die uns und unseren Computer leicht identifizierbar macht. Das kleine Programm *Panopticlick* nutzt diese Tatsache, um Merkmale wie Zeitzone, installierte Schriftarten, Browserdetails und Bildschirmauflösung zu durchforsten und gibt dann mit einem Zahlenwert an, wie einzigartig ein Computer ist. Freilich sagt dies nur etwas darüber aus, wie gut sich der Rechner identifizieren lässt, der Nutzer des Geräts bleibt weiterhin unerkannt.

Dass aber auch die namentliche Identifizierung von Personen möglich ist, haben Forscher des *International Secure Systems Lab*, einem Zusammenschluss von fünf Forschungslaboren für IT-Sicherheit, gezeigt. Dabei machten sie sich auch eine Art Fingerabdruck zunutze, den Nutzer von Sozialen Netzwerken hinterlassen: Die jeweiligen Gruppenmitgliedschaften ergeben ein eindeutiges Profil, weil es nur wenige Menschen gibt, die sich exakt bei denselben Gruppen registrieren. (vgl. Wondracek et al. 2010)

Sage mir, wohin Du surfst, und ich sage Dir, wer Du bist

Mit den Techniken des Ausspähens von Internetnutzern im Netz wird ein Traum jedes Werbetreibenden wahr: Einblick in das individuelle Verhalten von (potenziellen) Kunden in Echtzeit zu erhalten und auf diese Weise die Werbewirkung drastisch zu steigern. Schon immer war es ihr Anliegen, Kunden so gut wie nur irgend möglich kennenzulernen, um passende Angebote zu machen und Kunden anzulocken sowie an sich zu binden. Allerdings waren Werber traditionell darauf angewiesen, ihre Kommunikationsmaßnahmen an bestimmte Zielgruppen zu richten, die über soziodemografische Merkmale (wie zum Beispiel Alter, Familienstand, Einkommen, Wohnort etc.) beschrieben wurden. Diese Vorgehensweise hat mehr oder weniger hohe Streuverluste zur Folge, weil sich das Kaufverhalten mit Hilfe der genannten Eigenschaften doch nur recht unzureichend einschätzen lässt. An Zielgruppen gerichtete Werbung ist also teuer, weil der Erfolg oftmals ausbleibt. John Wanamaker, Gründer eines der ersten US-amerikanischen Kaufhäuser, brachte das Dilemma der Werbung auf den Punkt: »Die Hälfte des Geldes, das ich für Werbung ausgebe, ist verschwendet. Das Problem ist, ich weiß nicht, welche Hälfte.«

Die Möglichkeit, Datenprofile einzelner Personen abzuleiten, schafft folglich die für Werber einzigartige Situation, die Entscheidungsprozesse individueller Konsumenten nachvollziehen zu können. Je mehr verschiedene Daten in die Profile einfließen, je realistischer diese daher werden, desto kleiner können folglich die Zielgruppen zugeschnitten werden – bis im Extremfall die relevante

Kundengruppe auf exakt eine Person reduziert werden kann. Das heißt, nicht länger sind Annäherungen nötig, sondern aus dem gewonnenen Datenprofil kennt man seine Kunden genau. Werbetreibende Unternehmen wissen daher, welche Bedürfnisse und Wünsche Kunden haben, und folglich, welche Produkte und Dienstleistungen für sie interessant sind. Nichts mehr wird dem Zufall überlassen, weil Marketingmaßnahmen demnach individuell auf jeden einzelnen Kunden zugeschnitten werden können. Tut also beispielsweise jemand auf seiner Profilseite im Sozialen Netzwerk kund, dass er leidenschaftlicher Hobbyfotograf ist, und tauscht sich in einschlägigen Internetforen über technische Neuheiten auf dem Kamerasektor aus, so wird es nicht ausbleiben, dass er mit Werbung von Fotohändlern beglückt wird, deren Angebote dann tatsächlich zu seiner konkreten Fotoausrüstung passen.

Für Unternehmen ergeben sich aus dem Einsatz personalisierter Werbung klare Vorteile: Neben geringeren Kosten, weil das Verhältnis von Reaktion und Streuung günstiger ausfallen wird, ergibt sich auch die bessere Möglichkeit, eine vertrauensvolle Kundenbeziehung aufzubauen, denn der Kunde wird nur angesprochen, wenn er mit großer Wahrscheinlichkeit auch interessiert ist, und nicht mit irrelevanten Werbebotschaften bombardiert.

Die neuen Werbemöglichkeiten stellen das bislang die Werbung beherrschende »Gesetz der großen Zahl« – also die breitestmögliche Streuung von Werbebotschaften, um so viele Interessenten wie möglich anzusprechen – auf eine harte Probe. Ob die Zukunft tatsächlich der maßgeschneiderten Werbung gehören wird, hängt stark von der Akzeptanz der Kunden ab, die nur dann erreicht wird, wenn es tatsächlich gelingt, passgenaue Kommunikation mit dem Kunden aufzubauen. Hierbei stößt man auf Probleme, die es in Zukunft noch zu lösen gilt: Interpretieren Algorithmen die Datenspuren richtig? So stellt schon der recht häufige Fall ein Riesenproblem dar, dass jemand im Online-Shop nicht für sich selbst, sondern ein Geschenk einkauft. Und schon ist eine falsche Fährte gelegt, die die Werber in die Irre führt. Des Weiteren wird die Zukunft der personalisierten Werbung auch davon abhängen, inwieweit es gelingen wird, Datenschutzbedenken zu zerstreuen. Eine US-amerikanische Studie (vgl. Turow et. al. 2009) kommt zu dem Schluss, dass 66 Prozent der erwachsenen Amerikaner eine auf ihre jeweiligen Interessen zugeschnittene Werbung ablehnen. Auch Datenschützer schlagen Alarm und wollen der personalisierten Werbung Grenzen setzen. Die amerikanische Werbeindustrie setzt auf Selbstregulierung und hat sich darauf geeinigt, die Transparenz zu erhöhen, indem zielgerichtete Behavioral Ads im Internet mit einem Symbol – einem blau unterlegten »i« – gekennzeichnet werden. In Europa ist aufgrund des schärferen Datenschutzrechts Tracking-Werbung nicht ohne Weiteres möglich: Der Nutzer muss gewöhnlich vorab informiert werden bzw. er muss seine Zustimmung geben.

Der gläserne Kunde ist freilich nicht nur für Werbezwecke interessant. Unternehmen wollen auch Kenntnis erlangen über die Profitabilität einzelner Kunden, um Entscheidungen zu treffen, mit wem man überhaupt ins Geschäft kommen bzw. bleiben möchte. Schon heute nutzen beispielsweise Banken oder Online-Händler Scoring-Werte, um die Bonität der (potenziellen) Kunden einzuschätzen. Um diese Nachfrage zu bedienen, haben sich private Firmen entwickelt, die Massen von Daten einsammeln, um in einem Score-Verfahren die Kreditwürdigkeit von Personen zu messen. Wie der Score-Wert ermittelt wird, welche Daten einfließen, ist Geheimnis der jeweiligen Scoring-Firma und erfährt der Betroffene nur indirekt, wenn etwa ein Vermieter einen anderen Wohnungsinteressenten vorzieht oder im Online-Shop die Ware nur gegen Vorkasse geliefert wird.

Auch Daten, die man über Individuen auf Sozialen Netzwerken im Internet einsammeln kann, insbesondere deren Beziehungen zu anderen Nutzern, können wertvollen Aufschluss bei der Beurteilung des »Werts« eines Kunden geben. War man bei der Berechnung solcher Werte bislang auf Informationen angewiesen, die man durch den Kontakt zum jeweiligen Kunden erhielt (z. B. Wert und Häufigkeit der Einkäufe, Inanspruchnahme der Hotline, Anzahl der Reklamationen etc.), so liegt heute eine Vielzahl von relevanten Äußerungen im Sozialen Web offen zutage. Insbesondere die Analyse der Stellung innerhalb des Netzwerks kann ein völlig anderes Licht auf einzelne Kunden werfen, als dies die herkömmliche Art und Weise der Profitabilitätsanalyse täte: Hat man es mit einem aktiven Empfehler zu tun, der mit einer Vielzahl von Menschen Kontakt hat und auf diese Einfluss ausübt, so mag es vorteilhaft sein, über dessen etwas nachlässige Zahlungsmoral oder die gehäuften Anrufe bei der Hotline hinwegzusehen. Schließlich reden solche Personen mit vielen anderen über das Unternehmen und dessen Produkte und üben Einfluss auf Kaufentscheidungen anderer Leute aus. Der Blick richtet sich nicht mehr so sehr isoliert auf einzelne Kunden, sondern die Beziehungen zu anderen Menschen werden mit in den Fokus der Betrachtung genommen. Auch im Rahmen einer diskriminierenden Preisstrategie wird die Kenntnis der sozialen Beziehungen von Kunden daher mehr und mehr verwendet: Kennt man den »Wert« eines Kunden für das eigene Unternehmen, kann man auch die Preise entsprechend variieren. Preise unterscheiden sich dann nicht mehr für einzelne Zielgruppen, sondern sogar für einzelne Kunden.

Und es war nie einfacher als heute, die schiere Masse an Daten für sich nutzbar zu machen. Webseitenbesitzer können mit der vom Suchmaschinenbetreiber *Google* kostenlos zur Verfügung gestellten Analysesoftware *Google Analytics* das Surfverhalten ihrer Seitenbesucher erforschen und damit nachvollziehen, wie die Besucher ihr Angebot nutzen, woher sie kommen, welche Bereiche der Internetpräsenz sie besonders interessieren, was sie anklicken und auf welchen Seiten die Surfer verweilen. Solche Informationen geben wertvollen Aufschluss über die Interessen und Wünsche der Nutzer. Ganz nebenbei erhalten nicht nur die Betreiber jener unzähligen Seiten, auf denen die Software zum Einsatz kommt, Einblicke in das Surfverhalten der Netzgemeinde. Auch *Google* selbst kommt an Daten von Menschen, zu denen das Unternehmen selbst keinerlei direkte Verbindung hat, weil sie die Suchmaschine überhaupt nicht nutzen. Denn der Internetkonzern bietet zusätzlich zur Software auch den Service, die von *Google Analytics* angehäuften Daten zu sammeln und diese für die Seitenbetreiber auszuwerten.

Vergleichbar zu *Googles* Analysesoftware hat sich auch die soziale Netzwerkplattform *Facebook* einen Weg geschaffen, ihren Mitgliedern auf ihren Streifzügen durchs Internet hinterherzuschnüffeln: *Facebook* stellt einen Button (»gefällt mir«) zur Verfügung, der auf jeder beliebigen Internetseite eingebunden werden kann. Mit einem Klick auf den »gefällt mir«-Button tun *Facebook*-Mitglieder ihren *Facebook*-Freunden kund, dass sie die betreffende Seite interessant finden. Darüber hinaus kann *Facebook*, solange der Nutzer im Netzwerk angemeldet ist, genauestens mitverfolgen, welche Seiten seine Mitglieder aufgerufen haben und für sie von Interesse sind. Marktforschung war nie einfacher: Praktischerweise ist der Button auch in vielen Online-Shops neben jedem einzelnen Produkt platziert.

Und auch der Kurznachrichtendienst *Twitter* bietet einen *Tweet*-Button an, der auf jeder beliebigen Webseite eingerichtet werden kann, um Surfern zu erlauben, den Inhalt der Webseite auf *Twitter* zu verteilen. Wie bei *Facebooks* Like-Button stecken auch hier ein paar kleine Codezeilen dahinter, die dafür sorgen, dass mit dem Aufruf der Seite immer auch eine Verbindung zum Server von *Facebook* bzw. *Twitter* aufgebaut wird, um den Button zu laden. Der Nutzer hinterlässt somit seinen Fußabdruck nicht nur auf jener Seite, die er eigentlich angesteuert hat, sondern auch beim Urheber des Buttons.

Google Analytics ist mit ein Grund, warum der Internetkonzern *Google* als Datenkrake gilt: Sämtliche Suchanfragen, die von der Homepage der Suchmaschine losgeschickt werden, protokolliert das Unternehmen. Somit weiß *Google* einiges über uns: Wie und worüber wir uns informieren gibt klare Anhaltspunkte, was uns bewegt, wofür wir uns interessieren, welche Pläne wir verfolgen. Und sind die Informationen erst einmal in der Welt, vergisst *Google* sie nicht mehr. Aber auch andere Dienste sammeln, zeichnen auf und archivieren, was wir im Netz erledigen. So speichern etwa Flugreservierungssysteme, von denen es weltweit nur einige wenige gibt, sämtliche bei ihnen eintreffende Anfragen – selbst solche, die nicht zu einer Buchung führen. Und ähnlich gehen auch Internethändler vor: Sie fertigen Einkaufsprofile ihrer Kunden an und verfolgen selbstverständlich auch, welche Produkte zwar nicht gekauft, aber doch betrachtet wurden. Beispielsweise wird man bei einem neuerlichen Besuch auf der Webseite von *Amazon* mit einer Liste zuvor angesehener Produkte konfrontiert. Von all den Datensammlern im Netz hat jedoch *Google* das weitaus umfassendste Wissen über Internetsurfer: Zwar weiß *Amazon*, was wir lesen, und kann dadurch auf Interessen, Beruf oder dergleichen schließen, das Flugreservierungssystem weiß über geplante oder tatsächlich getätigte Reisen Bescheid, ein Sportartikelversand weiß, wie wir uns fit halten, aber dies sind jeweils nur recht beschränkte Ausschnitte aus unserem Leben. Bei *Google* gehen Anfragen ein, die vielerlei Lebensbereiche betreffen: Informieren wir uns über Einkaufsmöglichkeiten, Weiterbildungsangebote, Krankheiten – all dies verschmilzt *Google* zu einem Abbild unserer Persönlichkeit und nutzt dieses Wissen, um Internetsurfer kennenzulernen und ihnen passende Werbeschaltungen zuzuführen.

In unserer modernen »always on«-Gesellschaft ist es kaum noch möglich, sich dem Vermessen-Werden zu entziehen. Weil immer mehr Lebensbereiche von elektronischen Medien durchdrungen werden, fallen immer mehr Daten-Mosaiksteinchen an, die – zunächst verstreut – aufgezeichnet und in riesigen Datenbanken vorgehalten werden. Algorithmen müssen sich sodann nur noch bedienen und je nach Zweck die geeigneten Daten verknüpfen, um den Lauf der Dinge zu berechnen. Der Mensch wird zum Datenprofil, das er als ständigen Begleiter und Abbild seines Lebens mit sich herumträgt. Das Profil gibt Aufschluss über das Verhalten und erlaubt Einblicke in das tiefste Innere einer Person: Interessen, Wünsche und Meinungen drücken sich aus durch Klicks auf den *Facebook*-Like-Button, Gruppenzugehörigkeiten auf *Xing* und Wunschlisten auf *Amazon*. Solche Informationen sind online – oftmals öffentlich zugänglich für jedermann. Die Erfassung der Daten ist unauffällig – wir merken kaum etwas davon –, und doch ist sie allgegenwärtig.

Was diesen Umstand vor allem bemerkenswert macht, ist die Tatsache, wie kostengünstig und einfach das Sammeln von Daten heute durch die technische Unterstützung gelingt. Und noch mehr Sprengkraft verleihen die neuen

Möglichkeiten des Auswertens: Dank immer leistungsfähigerer Server werden die riesigen Datenmengen überhaupt erst handhabbar und lassen sich die Massen an Rohdaten in immer kürzerer Zeit so aufbereiten, dass brauchbares Wissen daraus extrahiert werden kann. Auf diese Art und Weise entsteht eine bislang nicht gekannte Informationsinfrastruktur, ein dicht gewebtes Datennetz, das sich über alle Bereiche unseres Lebens legt und diese miteinander verknüpft.

Unübersehbar greifen die neuen technischen Möglichkeiten des Datensammelns und -auswertens tief in die persönlichen Belange eines jeden Einzelnen ein. Es ist leicht vorstellbar, dass sich angesichts der eröffneten Gelegenheiten, in die Privatsphäre von Menschen einzudringen, soziale Beziehungen ändern und sich Machtverhältnisse zwischen Staat und Bürger, Polizei und Bevölkerung, am Arbeitsplatz oder in der Familie und im Freundeskreis verschieben. Und dies wiederum bleibt nicht ohne Änderungen im Verhalten jedes Einzelnen.

3.2   »There's no such thing as a free lunch«: Persönliche Daten als Währung des Internetzeitalters

Weil das Wissen um die Kunden von solch unbestreitbarem Nutzen für Unternehmen ist, werden Daten immer stärker zu Handelswaren und die Privatsphäre zum ökonomischen Wert. Unternehmen auf der einen Seite sind bestrebt, die größtmögliche Menge von personenbezogenen Daten anzuhäufen, um Kunden kennenzulernen; Kunden auf der anderen Seite sind – aus verschiedenen Gründen – bereit, ihre Daten offenzulegen. Zum einen ist es oftmals eine Sache der Bequemlichkeit, Unternehmen gewisse Informationen mitzuteilen, da Austauschprozesse zwischen Kunde und Unternehmen sodann schneller und reibungsfreier ablaufen, wenn bereits auf der Kenntnis des Kunden aufgebaut werden kann. Gibt man beispielsweise per Internet eine Bestellung bei einem Versandhändler auf, so spart man Zeit damit, nicht jedes Mal wieder seine Adresse eingeben zu müssen. Zum anderen erkaufen sich Kunden mit der Preisgabe ihrer Daten Vergünstigungen oder Gratis-Angebote. Die Bezahlung für Inhalte im Web hat sich nie wirklich durchgesetzt, viele Unternehmen sammeln dann wenigstens persönliche Daten der Nutzer ihrer Webangebote ein: Viele Seiten sind nur durch vorherige Registrierung zu erreichen, in der dem Nutzer von Adresse über Telefonnummer und E-Mail-Adresse bis zum Alter allerhand Angaben abverlangt werden. Im Gegenzug hat er Zugriff auf die Inhalte der Webseite oder kann deren Dienste nutzen (z. B. Internetsuche, Mail). Dieses Prinzip funktioniert aber nicht nur im Internet: Kauft man Bahnfahrkarten am Automaten, so ist dies billiger und geht ohne größere Wartezeiten vonstatten, gleichzeitig lernt das Bahnunternehmen aber auch etwas über seine Kunden. Autoversicherer gehen dazu über, ihre Tarife an die Menge und Art der Fahrzeugnutzung zu koppeln: Die gefahrenen Strecken sowie die Fahrweise (z. B. Einhaltung von Geschwindigkeitsbeschränkungen, schnelles Beschleunigen, starkes Abbremsen) werden mittels elektronischem Fahrtenbuch im Fahrzeug dokumentiert, wodurch das Risiko kalkulierbarer wird. Für den Kunden ergibt sich der Vorteil, durch Preisgabe persönlicher Daten und entsprechende Autonutzung den Tarif senken zu können. Auch die Individualisierung von Informatiksystemen und Umgebungen erfordert eine genaue Kenntnis des Nutzers. Sollen individuell zugeschnittene Daten, Entscheidungshilfen und Unterstützung angeboten oder für die richtige Temperierung, Belüftung und Beleuchtung des Umfelds gesorgt werden, so müssen jeweils umfassende Nutzerprofile verarbeitet werden. Gleiches gilt für Aktivitäten in Identitätsinfrastrukturen (E-Working-, E-Health-, E-Government-, E-Commerce-Anwendungen): Diese sind nur über die Identifizierung des Nutzers erreichbar, weswegen Handlungen stets einem Individuum zugeordnet werden können. All diesen Beispielen ist gemeinsam, dass sich der Nutzer durch die Bekanntgabe privater Daten gewisse Vorteile erkauft. Somit werden Daten immer mehr zu einer neuen Währung.

Es sind verschiedenste Firmen, die sich die Bereitwilligkeit der Internetsurfer, ihre Daten preiszugeben, zunutze machen. So unterstützt etwa die Webseite *Mint.com* beim Management der privaten Finanzen. Das Internetunternehmen gibt Hilfe bei der Einhaltung von Budgets, Tipps und Tricks zur Optimierung des Portfolios, Ratschläge zur Nutzung von Kreditkarten, auch leitet das Unternehmen günstige Angebote von Telefonanbietern und Banken an die registrierten Nutzer weiter, kurz gefasst: das Unternehmen bietet eine umfassende Finanzoptimierung – und all das vermeintlich gratis. Bezahlt wird mit der Preisgabe persönlicher Daten: Um das Beratungsangebot wahrzunehmen, legen Nutzer ihre Finanzdaten wie etwa Bank- und Kreditkarteninformationen offen. Natürlich verfolgt das Unternehmen auch seine eigenen Finanzziele: Das Wissen darüber, was die registrierten Nutzer in der Vergangenheit konsumierten und wofür sie in Zukunft Geld ausgeben möchten, findet sicherlich den einen oder anderen Käufer.

Im Wettstreit um die persönlichen Daten von Konsumenten haben sich neben den vielen Unternehmen, die Daten über ihre Kunden einsammeln, um die eigenen Produkte besser an den Mann oder die Frau zu bringen, auch Unternehmen etabliert, deren alleiniger Geschäftszweck das Datensammeln ist, um sodann diesen begehrten Rohstoff des 21. Jahrhunderts an die Werbewirtschaft zu verkaufen. Deren Geschäftsmodelle bauen einerseits auf der Auskunftsbereitschaft der Kunden selbst auf und andererseits kommt ihnen die fortschreitende Informatisierung zupass, die für einen ständigen Nachschub der Datenmasse sorgt. So sammeln soziale Netzwerke wie *Facebook* die auf den Profilseiten von den Mitgliedern selbst bereitgestellten Informationen ein und Firmen wie *Google*, die uns alle möglichen Dienste zur Verfügung stellen (z. B. Internetrecherche, Mail, Navigation etc.), protokollieren jeden unserer Schritte, jede Äußerung und jeden Klick. Von solch aussagekräftigen Informationen hätte die Werbewirtschaft vor nicht allzu langer Zeit nicht einmal zu träumen gewagt! Weil Daten jenen Unternehmen, die die Wünsche, Bedürfnisse, Interessen und Verhaltensweisen ihrer (potenziellen) Kunden erforschen möchten, bares Geld wert sind, gehen also eine ganze Menge kommerzieller Datenjäger auf die Pirsch: Daten werden immer mehr zum umkämpften Gut, das teuer bezahlt wird – speziell im Internet.

Profite mit Profilen

Im Gefolge der großen Datensammler entsteht noch eine Kategorie von Unternehmen, die mit den zur Verfügung stehenden Datenmassen ihr Geld verdient: Sie sammeln die Daten zwar nicht selbst ein, machen sich jedoch die öffentlich zugänglichen Daten der Sozialen Netzwerke zunutze, um daraus einen informatorischen Mehrwert zu generieren. Immer mehr Firmen nutzen die auf den Profilseiten der Sozialen Netzwerke versammelten Daten oder klinken sich in den Datenstrom von *Twitter* ein, um die verschiedensten Analysen damit durchzuführen – immer mit dem Ziel, Einblicke in die Verhaltensweisen und die Persönlichkeit der Nutzer sowie deren Beziehungsgefüge zu erlangen. Dabei werden automatisiert durch spezielle Software Informationen aus Social-Media-Angeboten und Blogs aggregiert und analysiert. Diese werden in der Folge auch mit Informationen aus unternehmensinternen Quellen (z. B. E-Mails, Call-Center-Einträge etc.) konsolidiert. Im Unterschied zur herkömmlichen Marktforschung, die immer einen einzelnen Konsumenten ohne Berücksichtigung seiner Beziehungen zur Umwelt in den Blick nimmt, werden mehr und mehr auch die Verbindungen zwischen Nutzern betrachtet. Analysiert wird dann etwa, mit wie vielen Menschen und mit wem jemand in Kontakt steht, auf welche Weise Informationen ausgetauscht werden und dergleichen mehr. Versucht wird, Muster in den Informationsverbindungen zu finden und deren Bedeutung zu verstehen. Aus diesem Grund ist der Kurznachrichtendienst *Twitter* ein begehrtes Analyseobjekt beim Social Data

Mining: Nutzer tun dort ihre Meinung zu allen möglichen Themen kund; interessiert sich jemand für eine Person mit ihren jeweiligen Themen, wird er »Follower«, also Abonnent der *Twitter*-Meldungen. Für das Social Data Mining interessant ist diese Konstellation, weil der Twitterer und seine Followers die Begeisterung für bestimmte Themen, Interessen oder Aktivitäten teilen. Auf diese Weise erhält man viel brauchbarere Zuschnitte von Zielgruppen als bei der herkömmlichen Vorgehensweise, die nach Alter, Postleitzahl oder Beruf sortiert. Zusätzlich ist man nicht auf Umfragen mit ihren Unschärfen angewiesen, sondern erhält die Informationen aus erster Hand.

So lässt sich mit Hilfe von *Twitnest* darstellen, wer mit wem twittert: Der Dienst zeigt das Netzwerk von Twitterern und Followern und erzeugt so auf Mausklick ein Beziehungsprofil. Weiß man, wer mit wem kommuniziert, kann man oftmals auch auf Inhalte schließen. *Twitnest* zeigt beim Klick auf einen Nutzer, wessen Nachrichten dieser abonniert. Zusätzlich lassen sich Gruppen von Nutzern abbilden, die untereinander besonders stark vernetzt sind. *Klout* basiert ebenso auf dem Datenstrom von *Twitter* und ermittelt die wichtigsten Themen, mit denen sich ein *Twitter*-Mitglied auseinandersetzt, sowie welche anderen Mitglieder er beeinflusst und durch wen er selbst beeinflusst wird. Das Angebot dieser Dienste an Unternehmen geht dahin, solche Personen ausfindig zu machen, die Einfluss auf das Unternehmensimage haben, als Empfehler wichtig für die Mundpropaganda sind. *Klout* will seinen Kunden den Wert solcher Personen innerhalb des Netzwerks transparent machen, weil sich im Marketing immer stärker die Erkenntnis durchsetzt, dass Empfehlungen wirksamer als Werbung sind. Als weiteres Beispiel eines Zweitverwerters, der auf der Datenbasis von *Twitter* aufsetzt, sei noch *Heypic* genannt: Die Software dieser Firma durchsucht den Datenstrom auf *Twitter* nach geografischen Informationen. Da viele Kameras und Mobiltelefone, mit denen Fotos geschossen werden, heute mit einem GPS-Chip bestückt sind, finden sich dementsprechend viele Fotos auf *Twitter*, die geotags, also Meta-Elemente mit der geografischen Position, aufweisen. *Heypic* durchsucht nun *Twitter* nach Geotags in Fotos. Die *Twitter*-Nutzer, von denen die Dateien stammen, werden dann auf einer Landkarte entsprechend dem Aufnahmeort der Fotos platziert.

Immer mehr Unternehmen machen es zu ihrem Geschäftsmodell, die schiere Masse an Daten, die im Web über Konsumenten vorzufinden ist, einzusammeln und insbesondere für Werbezwecke nutzbar zu machen: Sie fertigen digitale Profile von Menschen an und verkaufen dieses Wissen an Unternehmen als Basis für Geschäftsentscheidungen. Freilich war immer schon

Information über Personen öffentlich verfügbar – ein Blick ins Telefonbuch reichte aus, um Telefonnummer und Adresse zu erkunden. Nie war allerdings eine solche Masse an Daten über so viele Menschen zugänglich, und noch dazu liegt sie heute digitalisiert vor, was die Suche, Handhabung und Analyse extrem erleichtert. Zu alledem kommt noch, dass sich die kommerziellen Datensammler der modernen Technologie auf ihrem jeweils letzten Stand bedienen, die immer mehr Datenquellen nach Futter für die Algorithmen absucht: Die technische Hochrüstung trägt dazu bei, dass aus den verfügbaren Massen an Daten immer intelligentere Schlüsse gezogen werden. Welche Konsequenzen hat es also, wenn Menschen immer mehr Informationen öffentlich machen und gleichzeitig die Technik immer leistungsfähiger wird, diese Informationen zu sammeln, auszuwerten und als Entscheidungsgrundlage aufzubereiten? Wird die Datenfülle, aus der sich Unternehmen bedienen können, einfach dazu führen, dass wir mehr Kataloge im Briefkasten haben, dass wir mehr E-Mails mit Werbebotschaften in unserem elektronischen Posteingang finden oder vielleicht sogar, dass wir bei unserem nächsten Bewerbungsgespräch mit außergewöhnlichen Fragen rechnen müssen?

Welche Kraft zunächst harmlos anmutende Daten entfalten können, werden sie erst einmal vereinigt, zeigt das Beispiel *spokeo*: Auf dieser Internetplattform reicht die Eingabe eines Namens und auf Mausklick erhält man ein digitales Dossier über die betreffende Person, das die genaue Adresse anzeigt, das Alter, den Beziehungsstatus und den Beruf angibt und Auskunft erteilt über Hobbys. Darüber hinaus erfährt man noch, ob der Gesuchte Hausbesitzer ist, welchen geschätzten Wert das Eigenheim hat, wie groß es ist und wie lange der Betreffende schon darin wohnt. Mitserviert wird auch ein Foto der Wohnstraße. Wer etwas über die finanzielle Situation des Gesuchten erfahren möchte, wird auch bedient. Das Unternehmen *RapLeaf* bietet seinen Kunden ähnliche Einblicke in das Privatleben potenzieller Kunden. Systematisch wird das Internet durchsucht, um Profile anzulegen, die neben demografischen Daten Auskunft darüber geben, welche Interessen und Wünsche jemand hat, mit wem jemand seine Zeit verbringt, welche Marken jemand schätzt. Mehr und mehr interessiert auch der Einfluss, den Personen in der digitalen Welt haben, ob jemand ein Kritiker oder Freund einer bestimmten Marke ist und sich folglich als Empfehler eines Produkts und Unternehmens und als Multiplikator der Werbebotschaft eignet oder nicht. Dementsprechend baut auch der Onlinehändler *Amazon* sein Empfehlungssystem aus und bezieht auch Daten aus *Facebook* mit ein. *Amazon* kann wohl als Vorreiter von Produktempfehlungen im Online-Handel gelten: Das Internetunternehmen erfasst detailliert das

Kaufverhalten seiner Kunden im eigenen Shop, analysiert diese Daten und gibt dann entsprechende Produktempfehlungen ab. Erlaubt der Kunde nun *Amazon*, auf seine *Facebook*-Daten zuzugreifen, dann wertet *Amazon* neben den eigenen Daten auch die Profildaten des Kunden und seiner *Facebook*-Freunde nach produktrelevanten Informationen aus. Dies können etwa Lieblingsautoren, Fernsehserien, Musikgruppen etc. sein. Und praktischerweise bekommt *Amazon* auf diese Art und Weise auch gleich mit, wann die Freunde Geburtstag haben und präsentiert Vorschläge für passende Geburtstagsgeschenke.

Es zeigt sich also: Die zunächst meist recht unbedeutend erscheinenden Äußerungen im Web können, wenn sie mit Hilfe der richtigen Tools analysiert, strukturiert, verfeinert und passend aufbereitet werden, doch ein sehr detailliertes Bild unserer Interessen, Gewohnheiten, Verhaltensweisen und sozialen Beziehungen abgeben. Unternehmen verfügen damit über digitale Abbilder unserer selbst, noch nie zuvor wussten sie so viel über Einzelne, noch nie zuvor war es möglich, so zielgerichtet einzelne Menschen anzusprechen und darauf aufbauend Kundenbindungs- und -gewinnungsaktionen durchzuführen oder die Produktentwicklung an den tatsächlichen Wünschen der Kunden auszurichten.

Über die maßgeschneiderte Werbung hinaus sind auch noch viele andere Einsatzmöglichkeiten der Datenprofile durch Unternehmen denkbar, die zur Steigerung der Profite dienen, den Kunden jedoch handfeste Nachteile bringen. Man denke nur an Banken, denen Profilinformationen vorliegen und die die Vergabe von Krediten davon abhängig machen, oder Kreditkartenunternehmen, die die Gewährung einer Kreditkarte auf Basis des Datenprofils entscheiden. Denkbar wäre auch, dass jemand nicht zu einem Vorstellungsgespräch eingeladen wird, weil er die »falschen« Freunde hat, seine Wohnstraße nicht vornehm genug aussieht oder ein bestimmtes Hobby für den neuen Job als unpassend erscheint. Entscheidungen von teilweise großer Tragweite werden nicht mehr von Menschen von Angesicht zu Angesicht getroffen, sondern Algorithmen berechnen das Ergebnis auf Basis des Datenschattens, der uns stets schon vorauseilt.

Wer definiert die Welt?

Damit ist ein Kernproblem der Datensammlungen angesprochen: Immer mehr Entscheidungen basieren heute auf digitalen Profilen, die nach Gutdünken durch Unternehmen und sonstige Organisationen angelegt werden. Diese Vorgehensweise führt zu einem eklatanten Machtgefälle zwischen Bürger und Staat, Konsument und Anbieter, Mieter und Vermieter und so weiter. Nur die Datenjäger selbst wissen, welche Daten sie einsammeln und zu Profilen von Personen verschmelzen. Und nur sie wissen, nach welchen Regeln der Algorithmus zu einer Entscheidung gelangt. Der Einzelne, der sich dann der Entscheidung eines Unternehmens oder einer sonstigen Organisation gegenübersieht, kann nur ahnen, worauf diese beruht. Kaum jemals hat man die Chance herauszufinden, ob die Datenprofile, die angefertigt werden, auf korrekten Daten beruhen und darauf basierende Entscheidungen somit gerechtfertigt sind. Dazu kommt noch, dass Algorithmen keinen Raum für Abwägungen lassen. Jede Entscheidung ist Resultat einer exakten Berechnung: Ausnahmen, »Bauchgefühle« oder Vertrauensvorschüsse haben in der Welt der Algorithmen keinen Platz. Fehlerquellen gibt es bei dieser Vorgehensweise ausreichend. Das Problem beginnt schon dort, wo jemand einen weit verbreiteten Namen trägt – Verwechslungen sind programmiert. Auch ist es nicht ausgeschlossen, dass im Netz falsche Daten kursieren, die dann ungeprüft in das Profil einfließen. Dies birgt umso mehr Sprengkraft, als immer mehr Daten über Personen nicht durch sie selbst, sondern durch Dritte in das Internet gelangen, die – mutwillig oder versehentlich – falsch sein können. Die Hoheit über die eigenen Daten geht damit komplett verloren. Der Einzelne sieht sich einem recht weitgehenden Kontrollverlust ausgeliefert.

Es geht bei der Berechnung der Welt um mehr als bloß unpassend platzierte Werbung. Entscheidungen, die Algorithmen aufgrund unzutreffender Profile treffen, können erhebliche Einschnitte im Leben von Menschen bedeuten und darüber hinaus steht die Reputation jedes Einzelnen auf dem Spiel: Wie wir von anderen gesehen werden, wird mehr und mehr von den Datenprofilen abhängen, die die verschiedensten Organisationen bilden und darauf basierend uns mit Werbung und Sonderangeboten, aber zukünftig auch mit Informationen, Nachrichten oder Unterhaltung versorgen. Dabei ist die Auswahl des uns zugespielten Materials abhängig vom Bild, das sich andere von uns machen. Da wir nicht wissen, wie dieses Bild aussieht, und auch nicht, wie wir Zugang dazu erhalten könnten, schaffen die Datenprofile »Reputationssilos«, wie Joseph Turow, Professor für Kommunikation an der University of Pennsylvania, die Marketing-getriebenen Konstruktionen unserer Persönlichkeiten nennt. Denn individuelle Profile werden immer auch mit individuellen Bewertungen verbunden und dadurch entsteht Reputation. Und je nachdem, wie dieser Bewertungsprozess ausfällt, hat der (potenzielle) Kunde mit ganz spezifischen Aktionen seitens des Unternehmens zu rechnen. (vgl. Turow 2011)

Auf den ersten Blick scheint dies nicht weiter dramatisch: Was bedeuten schon ein paar Werbeanzeigen, die uns nicht interessieren, angesichts der Massen an Spam, die wir heute erhalten? Aber in einer vernetzten Welt greift das Entstehen von Reputationssilos schwerwiegender in unser Leben ein. In einer intelligenten Umgebung wird die uns zugeschriebene Reputation bestimmen, in welche Medienwelt wir eintauchen. Nicht länger ist jedermann denselben Informationen ausgesetzt, weil Medien uns servieren, was sie abhängig von dem Bild, das sie sich von uns machen, für passend halten. Wenn wir im Internet maßgeschneiderte – also von unserem Surfverhalten abgeleitete – Werbung zugespielt bekommen, dann deutet sich diese Entwicklung ja schon an. Folgen andere Medien diesem Beispiel, dann wird die Wahrnehmung der Wirklichkeit stark davon abhängen, wie Medienanstalten von uns denken, was wiederum davon bestimmt wird, wie *Google* und sonstige Datensammler uns definieren. Die Folgen einer Welt der getrennten Wahrnehmungen sind dann tatsächlich ernster als bloß fehlgeleitete Werbung: Welche Jobs bekommen wir angeboten? Wie sehen die Kreditkonditionen unserer Bank aus? Werden wir im Supermarkt einen anderen Preis bezahlen müssen als unser Nachbar? Reputationssilos haben zur Folge, dass Personen unterschiedlich behandelt werden: nicht weil die Menschen unterschiedlich sind, sondern weil sich ihre auf Basis der eingesammelten Daten konstruierten Profile unterscheiden.

Joseph Turow sieht soziale Diskriminierung als Folge der Reputationssilos. Denn jedes Personenprofil zieht bestimmte Bewertungen nach sich, die einschneidende Konsequenzen für Menschen haben können. Zum einen dringen das Sammeln von Daten und die Berechnung des Personenprofils in unsere Privatsphäre ein, weil wir gewisse Informationen wie beispielsweise Krankheiten gemeinhin nicht öffentlich teilen möchten, zum anderen sind Reputationssilos dafür verantwortlich, wie wir von Unternehmen, aber auch von der Gesellschaft als Ganzes behandelt werden. Werden uns etwa Airlines nur noch bestimmte Sitzplätze zur Auswahl anbieten, je nachdem, wie unser Wert als Kunde eingeschätzt wird? Was werden unsere Nachbarn von uns denken? Damit sind wir auf dem Weg in eine Reputationsökonomie, in der unser Persönlichkeitsbild ebenso wichtig wird wie unsere finanzielle Kapazität und unsere Kreditwürdigkeit. Denn ohne entsprechendes Ansehen, das über unsere Datenprofile anderen vermittelt wird, erhalten wir im wirtschaftlichen Austausch stets die schlechteren Konditionen oder werden gar ganz ausgeschlossen. So entscheiden Algorithmen mehr und mehr über Lebenschancen: Etwa wenn Banken zur Prüfung einer Kreditvergabe neben den bisherigen

Bonitätsprüfungen auch unser sonstiges Verhalten heranziehen, wenn Online-Händler unterschiedliche Rabatte geben, wenn Arbeitgeber außer auf unsere Fähigkeiten auch einen Blick auf unser Beziehungsnetzwerk werfen oder wenn Vermieter neben den üblichen Informationen zu unserer Zahlungsfähigkeit auch Einblicke in unseren Lebenswandel nehmen. Manchen Menschen wird es in der Reputationsökonomie sogar passieren, dass sie mehr und mehr ausgeschlossen werden vom Informationsfluss. Wenn nämlich Unternehmen feststellen, dass ihr Profil aufgrund von Einkommen, Alter, des vergangenen Einkaufsverhaltens oder sonstiger Gründe nicht als »passend« angesehen wird, dann werden sie einfach links liegen gelassen. Da die Berechnungen unseres Marketingwerts immer mehr zur Routine werden, wird sich die in unseren Medien ausgetauschte Information immer stärker danach ausrichten. In der Folge wird viel Information an wenig attraktiven Kunden einfach vorbeifließen.

Dass wir zunehmend über Datenprofile vermittelt am wirtschaftlichen und gesellschaftlichen Leben teilnehmen, hat nicht nur einen Effekt darauf, wie wir die Welt sehen, sondern es bestimmt auch, wie wir uns selbst in dieser nach Konsumgesichtspunkten für uns definierten Welt sehen. So wird unser Reputationssilo, der uns mit Aussichten auf die Welt umgibt, wie sie nach Definition von Unternehmen zu uns passen, mehr und mehr unser Verhältnis zur Gesellschaft bestimmen.

3.3 Immer einen Schritt voraus: Algorithmen als Gedankenleser

Seit jeher haben Unternehmen den Wunsch, Kundenverhalten vorauszusagen, über eine Kristallkugel zu verfügen, mit deren Hilfe sie vorab wissen, was die Kunden wünschen, um sodann zum richtigen Zeitpunkt mit passenden Angeboten am Markt zu sein. Es scheint, als ob heute die Erfüllung dieses Wunsches in greifbare Nähe gerückt ist: Die verfügbaren Datenmassen zusammen mit den technischen Errungenschaften des Sammelns und Auswertens geben Unternehmen die geeigneten Mittel in die Hand, die Gedanken ihrer Kunden zu lesen wie dies nie zuvor der Fall war. Mit Predictive Analysis wird dieser Blick in die Zukunft beschrieben. Unzweifelhaft werden daher immer mehr Unternehmen auf den Zug der vorausschauenden Datenanalyse aufspringen und ihr Bestes tun, um Muster in unserem Verhalten aufzuspüren und darauf abgestimmt Produkte und Dienstleistungen sowie Werbeaktivitäten zu entwickeln. Jedem Kunden exakt das Seine! Um den Kunden »kennenzulernen«, bedient man sich einer Vielzahl verschiedener Techniken, wie etwa Statistik, Data Mining, Spieltheorie. Als Rohstoff gehen die verschiedensten Daten in die Analyse ein: Neben unternehmensinternen Datenbanken werden auch unternehmensexterne Quellen angezapft, wie beispielsweise Einträge in Blogs, sozialen Internet-Netzwerken oder Foren, Telefonverbindungen, GPS-Daten.

Und dass das Verhalten von Menschen vorhersagbar ist, wurde bereits empirisch nachgewiesen: Mit einer Wahrscheinlichkeit von 93 Prozent lässt sich basierend auf dem Wissen über vergangene Bewegungsmuster einer Person das zukünftige Mobilitätsverhalten voraussagen. Eine Gruppe von Netzwerkforschern der Northeastern University in Boston hat Verbindungsdaten von Mobiltelefonfirmen ausgewertet. Wenn die Mobiltelefonierer durchweg online sind und das Gerät regelmäßig nutzen, reichen schon die Daten von drei Monaten aus, um aus den gespeicherten Standortdaten nicht nur rückblickend ein Bewegungsprofil des Menschen abzuleiten, sondern vorherzusagen, wann sich die Person in Zukunft wo aufhalten wird. Als Anwendungsfelder sehen die Forscher etwa die Vorhersage der Verbreitung von menschlichen und elektronischen Viren, Stadt- und Raumplanung oder die Ressourcenplanung in der Mobilkommunikation. (vgl. Song et al. 2010) Dass auch die Werbewirtschaft größtes Interesse an solchen Einblicken hat, bleibt unbestritten. Nicht länger müssen Entscheider auf ihr Bauchgefühl mit all seinen Unsicherheiten setzen, nein, ob Kunden demnächst einen Vertrag kündigen und daher speziell umworben werden müssen, ob jemand, der Produkt X gekauft hat, besonders empfänglich für Angebote für Produkt Y ist, all dies kann durch die vorausschauende Analyse der Datenmassen berechnet werden.

Auch die sozialen Netzwerke spielen bei den zukunftsbezogenen Analysen eine herausragende Rolle. Insbesondere interessieren bei der Entdeckung von Verhaltensmustern die Beziehungen zwischen verschiedenen Mitgliedern eines Netzwerks. Bislang hat das Marketing stark vernachlässigt, dass wir Entscheidungen kaum jemals allein und unbeeinflusst von unserer Umwelt treffen. Oft sind wir bequem, bleiben beim Gewohnten, lassen uns dann aber doch mitreißen, wenn unser bester Freund oder ein geschätzter Arbeitskollege mit einem neuen Produkt auftaucht und davon ein Loblied singt. Tagtäglich bekommen wir Meinungen und Ideen von Freunden, Familienangehörigen und Kollegen frei Haus serviert und jeder hat schon erlebt, dass wir uns davon beeinflussen lassen und plötzlich Dinge tun, auf die wir ohne den sozialen Impuls nie gekommen wären. Da Individuen also stark von anderen beeinflusst werden, sind die Interaktionen zwischen Mitgliedern eines sozialen Netzwerks eine wahre Goldgrube für Unternehmen, um die Verbreitung von

Informationen zu studieren, denn ähnlich wie sich eine Grippeinfektion ausbreitet, gestaltet sich auch das Muster, nach welchem Verhaltensweisen oder Innovationen von einer Person zur nächsten weitergetragen werden. Für Unternehmen bieten daher die Daten der Social Networks eine brauchbare Basis für Vorhersagemodelle, die dann einschätzen helfen sollen, ob Diffusionsprozesse viral, also ansteckend, oder doch eher im Sande verlaufen werden. Die Einschätzung der Dynamik sozialer Verbreitungsprozesse ist eine Frage der Interaktionen zwischen den Mitgliedern einer Community. Und dies zu beurteilen wiederum ist eine Frage der Verfügbarkeit von Information. Davon ist im Internet ausreichend vorhanden.

Bei der Analyse der Beziehungen zwischen Mitgliedern von Netzwerken geht es vor allem darum, jene Nutzer zu identifizieren, die starken Einfluss auf andere ausüben, jene Leute also, die Entscheidungen treffen und andere mitziehen, andere beeinflussen und maßgeblich für das Verhalten anderer sind. Werden diese so genannten Influencers identifiziert, so liegt es nahe, Marketingbemühungen auf diese Nutzer zu konzentrieren: Hat man sie gewonnen, erledigen sie auch den Rest – haben sie allerdings eine schlechte Meinung von Produkt oder Unternehmen, so sollte man dies besser ändern, denn auch in dieser Hinsicht werden sie andere Personen »anstecken«. Gewissermaßen werden die Influencers benutzt, zum Verbreiter der eigenen Botschaft gemacht, denn hat man sie einmal überzeugt, so ziehen sie andere automatisch mit. Sie werden zu Empfehlern eines Produkts oder animieren schlicht durch ihren Vorbildcharakter zur Nachahmung. Erkannt werden sie durch ihre speziellen Eigenschaften: Influencers verfügen über ein großes Netzwerk, senden und empfangen viele Nachrichten, wobei die ausgehenden Nachrichten zumeist länger sind als die empfangenen. Sie erhalten schnelle Antworten und zerbrechen sich auch nicht darüber den Kopf, Leute zu ungewöhnlichen Uhrzeiten zu kontaktieren. Außerdem erhalten sie mehr Anrufe zu Zeiten, an denen gewöhnlich soziale Zusammenkünfte organisiert werden, also beispielsweise wenn das Wochenende bevorsteht.

Die ferngesteuerte Gesellschaft

Neben dem Internet liefert auch das Mobiltelefon eine Unmenge von Daten, die zu einem Profil verdichtet viel über unser gegenwärtiges und zukünftiges Verhalten aussagen. Mit jedem Telefonat wird der nächste Funkmast kontaktiert und somit der Aufenthaltsort identifiziert, außerdem werden die Dauer des Gesprächs und die gewählte Rufnummer gespeichert. Schon allein aus diesen Daten ließe sich ein guter Überblick über unser soziales Beziehungsgeflecht erreichen. Aber moderne Mobiltelefone können viel mehr: Längst haben viele einen GPS-Empfänger integriert und erlauben so eine noch exaktere Ortsbestimmung. Bluetooth-Sensoren können Auskunft über die Nähe zu anderen Personen geben und damit das Beziehungsprofil um wertvolle Informationen anreichern. Das Mikrofon zusammen mit Einrichtungen zur Analyse unserer Stimmlage ließen Schlüsse auf unsere Laune zu. Auf diese Weise könnte das Datensammeln mit Hilfe des Mobiltelefons in der Gesundheitsvorsorge Anwendung finden und etwa die Frage nach aufkommenden Depressionen beantworten. Oder ein eingebauter Beschleunigungsmesser könnte Anzeichen auf Parkinson übermitteln, bevor dies Freunde oder Verwandte bemerken würden. Für den Gesundheitsbereich eine große Rolle spielen auch die Daten über menschliche Beziehungen und Bewegungen sowie Entfernungen zwischen Menschen: Indem diese Daten vereinigt werden, können viel exakter als bislang möglich Aussagen über die Ausbreitung von Infektionskrankheiten getätigt werden. Beispielsweise werden Mobiltelefondaten dazu benutzt, Verhaltensmuster zu identifizieren, die auf den Ausbruch von Cholera hindeuten. In der Dominikanischen Republik wird auf ähnliche Weise die Verbreitung von HIV erforscht. Auch für Stadtplaner eröffnet das Wissen um die sozialen Interaktionen zwischen Menschen in Echtzeit neue Wege, wenn es um die Beantwortung von Fragen nach der Gestaltung von Architektur und Infrastruktur geht.

Reality Mining nennt sich das Sammeln von Daten aus der physischen Welt mit Hilfe von Sensoren – im Gegensatz zum Data Mining, das Daten einsammelt, die bereits digital vorliegen. Reality Mining gibt es eigentlich schon lange: In Produktionsprozessen geben Sensoren über den Zustand von Anlagen Auskunft oder Kameras überwachen auf Autobahnen den Verkehr. Was aber neu ist und sich in Zukunft immer weiter ausbreiten wird, ist die Übertragung dieser Methoden auf den persönlichen Bereich: Verantwortlich dafür sind vor allem mobile elektronische Geräte, die wir mehr und mehr mit uns herumtragen, die stets leistungsfähiger werden und zunehmend verschiedene Arten von Daten sammeln können. So ergibt sich eine sehr reichhaltige Ansammlung von personenbezogenen Daten, die äußerst weitgehend Muster des Verhaltens von Personen offenlegt. Es geht dabei aber nicht nur darum, über Einzelpersonen Aussagen zu treffen, sondern um ein Durchleuchten der gesamten Gesellschaft oder Teile derselben. Die verschiedenen Datenstränge geben Einblicke in komplexe soziale Prozesse und erlauben Vorhersagen, wie Menschen interagieren. Auf diese Weise gelingen Voraussagen über das Verhalten ganzer gesellschaftlicher Gruppen, die eine Menge neuer Einsichten bringen, wie es nie zuvor möglich war.

Aber natürlich geht es bei der Auswertung der riesigen Datenbestände nicht nur darum, Einsichten in gesellschaftliche Prozesse zu gewinnen, sondern immer auch darum, in diese Prozesse einzugreifen und sie zu steuern. Die Analysen werden auch eingesetzt, um staatlicherseits unerwünschtes Verhalten zu verhindern: Staaten bedienen sich der vorausschauenden Datenanalyse beispielsweise in der Verbrechensbekämpfung und Terrorismusabwehr. Indem die Beziehungen rund um Verdächtige untersucht werden, sollen Verbrechen verhindert werden, weil rechtzeitig eingegriffen werden kann. So hat etwa die Polizei von Richmond, Virginia Partypläne, die auf *Facebook* oder *Twitter* verbreitet werden, als besonders nützlich in der Verbrechensbekämpfung erkannt. Aus den Nachrichten auf den Netzwerken schließt die Polizei, wo jede Nacht die wildesten Partys stattfinden, und kann sich schon im Vorhinein in den entsprechenden Gegenden auf einen Einsatz vorbereiten. In regen Partynächten spart die Polizei nicht nur Geld, weil weniger Überstunden nötig sind, auch wird berichtet, dass durch die »vorausblickenden Einsätze« die Kriminalität in der Stadt zurückgegangen sei. Auch in Memphis, Tennessee sank die Kriminalitätsrate, seit sich die Polizei dort auf die *IBM*-Software »Blue Crush« verlässt. Indem bestimmte »Kriminalitätstrends« aus einer Unmenge von Daten herausgefiltert werden, lassen sich Verbrechen bekämpfen, bevor sie überhaupt geschehen, verspricht das Programm. Und tatsächlich konnte in Memphis ein Rückgang der Kriminalitätsrate von dreißig Prozent verzeichnet werden. Dabei macht man sich zunutze, dass auch Kriminelle bestimmte »Angewohnheiten« pflegen und beispielsweise Einbrüche in Autos vermehrt in regnerischen Nächten stattfinden oder Großveranstaltungen und touristische Gebiete Taschendiebe anziehen. Die verschiedensten Daten legen somit eine Spur zu den kriminellen »Hot Spots« und die Polizei kann entsprechende Vorkehrungen treffen und Ressourcen zielgerichtet einsetzen.

Im Bereich der Terrorabwehr haben Regierungen die verschiedensten Programme (z. B. UK e-Borders, EU-PNR [Passenger Name Record], US-VISIT) ins Leben gerufen, die durch Datenanalysen vorausblickend Gefahren identifizieren sollen. Es werden verschiedene Datenquellen benutzt, deren Inhalte Aufschluss geben beispielsweise über Reisegewohnheiten, Kreditkartenkäufe, Visa-Anträge und die Wahl der Mahlzeiten bei Flügen. Diese Informationen werden dann zu einem Bild verdichtet, aus dem abgeleitet wird, welche Personen auf Flughäfen aufgehalten, befragt, durchsucht und an der Weiterreise gehindert werden sollen. In Deutschland hat indes der Vorschlag, Flughafenkontrollen je nach Risikogruppe, die aufgrund von Profilbildungen zustande kommen, unterschiedlich intensiv durchzuführen, Proteste hervorgerufen. Das Argument des effektiveren Einsatzes von Kontrollsystemen steht hier der Angst vor Diskriminierung bestimmter Bevölkerungsgruppen gegenüber.

Was bewegt die Menschheit?

Ist das Internet zusammen mit all den anderen Quellen von digitalen Daten also die Kristallkugel, mit deren Hilfe der Blick in die Zukunft gelingt? Geht es um Pläne, Absichten und Wünsche – alles, was uns bewegt und unsere zukünftigen Entscheidungen und Verhaltensweisen bestimmen wird –, dann verfügen gerade Suchmaschinen über bemerkenswertes Wissen. Surft man zu *Google* und tippt bestimmte Suchbegriffe ein, so offenbart man gleichzeitig immer auch seine Absichten und Interessen: Die Begriffe »Tauchen« und »Karibik« etwa lassen leicht darauf schließen, wo und wie man plant, seinen nächsten Urlaub zu verbringen, das Stichwort »Immobilienfinanzierung« wiederum deutet auf einen anstehenden Erwerb eines Eigenheims hin. Alle abgesetzten Suchanfragen in ihrer Gesamtheit geben wieder, was die Menschheit bewegt. Und dies ist dank *Googles* Internetseite *Insights for Search* für jedermann nachvollziehbar: Dort ist abrufbar – geografisch und zeitlich gefiltert –, wonach Menschen Tag für Tag suchen. Auf diese Weise lässt sich einiges darüber erfahren, was Menschen irgendwo auf dem Erdball – sofern sie Zugang zu Internet besitzen – gerade interessiert. So erlaubt das Wissen der Suchmaschinen Einblicke in die Absichten von Menschen. Der Journalist John Battelle (2003) hat den Begriff »Database of Intentions« geprägt, um eben dieses Phänomen zu beschreiben: dass mit dem Internet ein Gebilde entstanden ist, das uns – als Kulturgemeinschaft – eine ganze Menge darüber erzählen kann, wer wir sind und was wir wollen. Es sind nicht nur die Suchmaschinen, die über dieses Wissen der Absichten verfügen, es sind auch die sozialen Netzwerke, denen wir anvertrauen, wer wir sind und wen wir kennen. Schließlich verraten wir dort auch der Weltöffentlichkeit, was wir gerade tun, was in unseren Köpfen umgeht. Dies ist nicht weniger als das Bekenntnis, was wir als wichtig und bemerkenswert erachten. Und schließlich geben wir immer mehr auch Signale von uns, die preisgeben, wo wir uns aufhalten. Diese Information ist nicht zuletzt deswegen bedeutend, weil es die physische Welt verbindet mit der virtuellen, also den Kontakt herstellt zwischen der »Database of Intentions« und der realen Welt.

Doch selbst die menschliche Gefühlswelt wird berechenbar. Einen Blick auf die Befindlichkeit der Welt bietet das Projekt *We Feel Fine* (www.wefeelfine.org).

Dabei wird alle paar Minuten das Internet nach Sätzen durchforstet, die »I feel« oder »I am feeling« enthalten. Das Resultat ist eine Datenbank der menschlichen Gefühle, welche durchsucht und nach verschiedenen demografischen Merkmalen sortiert werden kann. Die Ergebnisse werden grafisch angezeigt und sollen Fragen beantworten wie: »Fühlen sich Europäer öfter traurig als Amerikaner?«, »Beeinflusst regnerisches Wetter unsere Stimmung?«, »Welche Städte der Welt sind am glücklichsten?«

Ein ähnliches Ziel verfolgt *Facebook* mit der Berechnung des »Bruttonationalglücks«: Das Netzwerk misst anhand von positiven und negativen Begriffen in den Statusmeldungen der Nutzer, wie wir uns kollektiv fühlen. Weil die Meldungen, so *Facebook*, einen Einblick in das Gefühlsleben der Nutzer geben, kann daraus Glück und Lebenszufriedenheit abgelesen werden. Das Bruttonationalglück wird getrennt für verschiedene Länder im zeitlichen Verlauf dargestellt und drückt die Differenz der Werte für die Verwendung von positiven und negativen Wörtern aus.

Die Tatsache, dass der Informationsgehalt der meisten Botschaften, die wir im Netz verbreiten, zwar äußerst beschränkt ist, die Zusammenfassung der Millionen über das World Wide Web verstreuten Nachrichten aber entscheidendes Wissen hervorbringen kann, wird in den unterschiedlichsten Sphären unseres Lebens nutzbringend angewandt. So nutzen etwa Ökonomen die Suchmaschine *Google*, um das Wirtschaftsgeschehen vorherzusagen. Weil empirische Daten über das Wirtschaftsgeschehen aufwendig zu erheben sind und oft erst mit großer zeitlicher Verzögerung veröffentlicht werden, könnten *Googles* statistische Aufzeichnungen der Suchanfragen auf *Insights for Search* einen Ausweg bieten: etwa zur Vorhersage des privaten Konsums (vgl. Schmidt/Vosen 2009), der Arbeitslosenrate (vgl. Askitas/Zimmermann 2009) oder von Einzelhandels- und Automobilumsätzen, Verkäufen von Eigenheimen und Ausgaben für Reisen (vgl. Choi/Varian 2009). Die Idee dahinter ist ganz simpel: Da das Internet immer stärker zur Informationssuche, sei es zur Recherche vor Anschaffungen, zur Planung von Reisen und vielem mehr genutzt wird, kann aus der Gesamtheit der eingegebenen Suchbegriffe auf bestimmte Entwicklungen geschlossen werden. Wird öfter nach Begriffen wie »Jobbörse« oder »Arbeitsamt« gesucht, so deutet dies auf einen kurzfristigen Anstieg der Arbeitslosigkeit hin. Aber auch für Epidemiologen erweist sich das gesammelte Suchverhalten als wahrer Datenschatz: So konnte ein enger Zusammenhang zwischen der Anzahl der Suchanfragen zum Thema Grippe und der Häufigkeit von Grippeerkrankungen festgestellt werden. (vgl. Ginsberg et al. 2009) Gesundheitsbehörden aktualisieren ihre Schätzungen zu Krankheitsausbrüchen nur in bestimmten Zeitabständen. Da die Daten der Suchmaschine in Echtzeit vorliegen, liefert *Google* einen wichtigen Beitrag zur Früherkennung von Grippewellen. Wissenschaftler der Johns-Hopkins-Universität in Baltimore haben einen Algorithmus geschaffen, der die *Tweets* auf *Twitter* auswertet, um für das Gesundheitswesen relevante Informationen zu extrahieren. (vgl. Paul/Dredze 2011) So konnten sie zu einer ganzen Reihe von Erkrankungen und Leiden – von Allergien über Schlaflosigkeit und Übergewicht bis hin zu Krebs – Muster und Trends feststellen, die etwa Aufkommen und Verlauf beschrieben oder den Ort, an dem sie auftraten, auch der Einsatz sowie Missbrauch von Medikamenten ließ sich nachvollziehen.

Unsere Wünsche und Träume, unser Gesundheitszustand und Seelenheil, unsere Pläne und Absichten sollen also vorhersehbar sein, errechnet aus einer Menge bewusst oder unbewusst von uns abgesetzter Signale? Je größer der Datenpool solcher persönlichen Daten, desto eher ist die Realisierung dieses ambitionierten Ziels denkbar. Wird aus der Suchmaschine *Google* eine Denkmaschine? *Google*-Chef Eric Schmidt zählt beispielhaft Fragen auf, die die Richtung weisen, in welche *Google* unterwegs ist: »Was soll ich morgen tun?«, »Welchen Job soll ich annehmen?«. Antworten auf solcherart Fragen sollen möglich werden, weil *Google* uns gut kennt – die Antwort ist gleichsam schon vor der Frage präsent. Wollen wir ins Kino gehen, erübrigt sich nach *Googles* Vorstellungen zukünftig die Suche nach Kinoprogrammen, um passende Filme zu finden, weil *Google* genau weiß, was uns interessiert und dementsprechend Vorschläge unterbreiten wird. Die Zukunft der Internetsuche sieht laut *Google*-Chef Eric Schmidt folglich so aus: »With your permission you give us more information about you, about your friends, and we can improve the quality of our searches [...] We don't need you to type at all. We know where you are. We know where you've been. We can more or less know what you're thinking about.« Eintippen müssen wir unsere Suchbegriffe also nicht mehr – die Suchmaschine weiß ohnehin, was wir denken.

Wie nahe *Google* dieser Vision bereits ist, macht der Internetgigant innerhalb des eigenen Unternehmens vor: Um dem Brain Drain im eigenen Haus zu beggnen, hat *Google* eine Formel aufgestellt, die Mitarbeiter mit Kündigungsabsicht identifizieren soll. In den Algorithmus fließen Daten wie Beurteilungen, Beförderungen, Gehaltsentwicklung ein und er soll dabei helfen, »einen Blick in die Köpfe der Angestellten zu werfen, bevor diese selbst wissen, dass sie die Firma verlassen könnten«, so der Personalchef Laszlo Bock. Werden uns Algorithmen also in Zukunft immer einen Schritt voraus sein?

Die Herrschaft der Algorithmen baut auf die Berechenbarkeit des Menschen und der Gesellschaft. Ihre Grundlage ist eine Weltsicht, die die Beschreibung der Gesellschaft mit mathematischen Verfahren zulässt und soziale Szenarios nach naturwissenschaftlichen Gesetzmäßigkeiten zu erklären versucht. Die massenhafte Verbreitung von Algorithmen und das zunehmende Vertrauen in ihre Entscheidungsfähigkeit rühren von einem Glauben daran her, dass soziale Systeme ebenso wie technische kalkulierbar seien. Weil Algorithmen von einem Determinismus ausgehen, den es im realen Leben kaum gibt, nehmen sie für sich in Anspruch, auch die Zukunft bestimmen zu können. Wenn Algorithmen unsere Wünsche und Bedürfnisse »vorhersagen«, dann können sie dies allein auf der Grundlage dessen tun, was sie aus unserem gestrigen Verhalten oder aus dem eines Durchschnittsnutzers extrahieren können. Der erratische, sich weiterentwickelnde Mensch findet in dieser Logik keinen Platz. Neues und Anderes bleibt vollkommen ausgeblendet. Derweil wird Langeweile zum Programm.

4 Digitale Wirklichkeiten

» We become what we behold. We shape our tools and thereafter our tools shape us. «

Marshall McLuhan, kanadischer Medientheoretiker, 1911–1980

4.1 Leben in der panoptischen Welt

Im Jahr 1984 war die Frage allgegenwärtig, wie nahe die Wirklichkeit dem von George Orwell ersonnenen menschenfeindlichen, totalitären Überwachungsstaat gerückt sei, ob der »Große Bruder« seinen Weg aus dem literarischen Werk in das echte Leben gefunden habe. George Orwells Dystopie »1984« stammt aus dem Jahr 1948 und entstand unter dem Eindruck der totalitären Regime in Deutschland, Spanien, Italien und der Sowjetunion. In allen diesen Staaten dienten riesige Überwachungs- und Propagandaapparate der Massenindoktrination, der Unterdrückung und Kontrolle der Bevölkerung. Nach diesen Vorbildern schuf Orwell Ozeanien, einen durchorganisierten Überwachungsstaat, in dem Angst und ein permanenter Versorgungsmangel – sowohl an Gütern als auch an persönlichen Beziehungen – herrschen. Private Gedanken sind abgeschafft, Menschen sind entmündigt und haben jegliches Denken und Alltagsentscheiden der allumfassenden Partei mit ihrem über die Menschen wachenden »Großen Bruder« abgetreten. Immer wieder gerät der Protagonist der Handlung, Winston Smith, in Konflikt mit dem System, weil er sich der allgegenwärtigen Überwachung und Kontrolle zum Trotz einen letzten Funken Privatsphäre aufrechterhalten will.

Trotz der hautnahen Erlebnisse und Erfahrungen, wie weit Staaten in der Schikanierung ihrer Bürger gehen konnten, hielten viele den Roman »1984« zur Zeit seiner Entstehung für dystopische Science-Fiction; im Jahr 1984 tat das keiner mehr: Der Roman war längst zur Chiffre für Überwachung, Totalitarismus und Vernichtung jeglicher Privatsphäre geworden, »Big Brother is watching you« wurde zum geflügelten Wort. Die Vision schien denkbar geworden. Dem Jahr 1984 ging ein regelrechter Countdown voraus. Mehr als drei Jahrzehnte starrte alle Welt auf die magische Zahl und selbst die geringsten Anzeichen staatlicher Kontrolle waren Anstoß, augenblicklich ozeanische Zustände aufkeimen zu sehen. Je näher das Jahr 1984 rückte, desto mehr Ansätze eines totalitären Orwell'schen Überwachungsstaats machten Medien allerorten ausfindig: Wenn Staaten Terroristen mittels Rasterfahndung verfolgten, persönliche Angaben gegenüber der Sozialversicherung, der Autozulassungsstelle, Hotels, der Bank gespeichert, Verkehrssünden in der Flensburger Kartei festgehalten wurden, galt das als Ausweis des wahr gewordenen Horrorszenarios. Und gänzlich unberechtigt waren die Sorgen ja in der Tat nicht: In der Zeit des RAF-Terrorismus der 1970er Jahre war der damalige BKA-Chef Horst Herold mit seiner Idee vom elektronisch aufgerüsteten Staat, der nicht nur Verbrechen aufklärt, sondern sie mittels einer umfassenden Soziografie gar nicht erst entstehen lässt, Reizthema in Deutschland. Unter dem Deckmantel der Terrorismusbekämpfung griff Herold nach der Videotechnik, um Handlungen optisch zu erfassen, festzuhalten, elektronisch zu speichern und für die Erstellung von Fahndungsrastern auszuwerten. Die amtlich abrufbare Aufzeichnung von Menschen, ihren Bewegungen und Verhaltensweisen, zielte auf das Fassen von Verbrechern. Aber zunächst einmal macht die Aufzeichnung der Bilder alle zu Betroffenen und der »gläserne Mensch« ist zum Greifen nahe. Erst als bekannt wurde, dass auch Tausende unbescholtener Bürger in Herolds »elektronisches Schleppnetz« geraten waren und die überdimensionierte Computerfahndung der politischen Kontrolle zu entgleiten drohte, wurde der BKA-Chef gestoppt.

Der gläserne Mensch ist zum Greifen nahe

Das Netz aus Bildern, das Westdeutschland im Deutschen Herbst überzog, war unbestritten ein erster Schritt hin zur vollständigen Durchleuchtung des Menschen und seines Verhaltens durch einen überwachenden Staat. Aus der heutigen Sicht betrachtet, wirken die damaligen Methoden und Möglichkeiten allerdings mehr als harmlos. In unserer digitalisierten Welt ist die Furcht vor der Verwirklichung des gläsernen Menschen aktueller denn je. Die verschiedensten Lebensbereiche sind heute informatorisch abgebildet, von Informationstechnik durchdrungen und vernetzt. Weil Technologie zunehmend alle Sphären des Lebens durchdringt, fallen bei immer mehr Vorgängen des täglichen Lebens Daten gleichsam als Nebenprodukt an. Und nicht nur kann man sich der datenmäßigen Abbildung von Handlungen immer weniger entziehen, denn speziell das Internet speist die Datensammlungen; das Web aber ist heute oft erste Anlaufstelle, um Informationen zu suchen, einzukaufen, Bankgeschäfte zu erledigen und um mit Freunden und Familie in Verbindung zu treten. Auch füttern wir selbst die Datendepots ganz bewusst, indem wir uns in Foren, Communities und sozialen Netzwerken mit anderen austauschen und personenbezogene Daten hinterlassen, Meinungen, Interessen und Vorlieben verraten sowie Fotos zum Besten geben. Eine solche Fülle an offen für jedermann verfügbaren Informationen über das Privatleben von Menschen war vor geraumer Zeit noch unvorstellbar.

Der immense Datenreichtum zusammen mit der stetig steigenden Leistungsfähigkeit von Technologien zur Sammlung, Speicherung und Analyse von Daten macht aus der zunächst harmlos und unbedeutend erscheinenden Rohmasse an Datenspuren Bewegungs-, Beziehungs-, Verhaltens- und Persönlichkeitsprofile, die das digitale Abbild eines Menschen sind. Scheinen nicht angesichts dieser »Fortschritte« um einiges perfidere Formen der Kontrolle und Manipulation möglich, als es George Orwell mit seiner permanenten Video-Überwachung in »1984« jemals für möglich hielt? Kritiker von Überwachungsmaßnahmen und Schützer der Privatsphäre hatten traditionell immer den Staat im Visier, der durch das Sammeln und zentrale Ablegen von Informationen über Bürger (z. B. Arbeits- und Sozialämter zur Kontrolle der Transferzahlungen, Finanzämter zu Zwecken der lückenlosen Besteuerung, die Polizei zur Unterstützung der Strafverfolgung) als Bedrohungsquelle galt. Die Metapher des »Großen Bruders« aus George Orwells 1949 erschienenem Klassiker »1984« drückt exakt aus, worin immer schon die Angst bestand: in einer allwissenden, schnüffelnden Obrigkeit, die Kontrolle und Unterdrückung bis zur Perfektion betreibt und bis in die intimsten Bereiche des Lebens vordringt; in einem staatlichen Überwachungsapparat, der allgegenwärtig ist und dem man machtlos gegenübersteht. Aber sollte man heute wirklich den »Großen Bruder« fürchten? Denn verglichen mit der Masse an gesammelten Daten und der ausgefeilten Methoden des Sammelns und Analysierens, derer sich private Unternehmen bedienen, um immer tiefer in die Privatsphäre (potenzieller) Kunden einzudringen und immer mehr über sie herauszufinden, nehmen sich die staatlichen Überwachungsmaßnahmen beinahe harmlos aus. Es scheint, als ob die wahre Bedrohung für die Privatsphäre heute nicht vom »Großen Bruder« ausgeht, sondern von den vielen »kleinen Brüdern« in Form von Unternehmen, die ihre Datenspeicher fortwährend zum Zwecke der Manipulation von Kunden füllen. Nicht der Bürger ist im Visier der Schnüffler, sondern der Konsument. Es ist heute weniger ein allmächtiger Staat, der sich für das Handeln, die Interessen, die Beziehungen oder Meinungen seiner

Bürger interessiert, sondern vielmehr die Werbewirtschaft, die mit immer ausgefeilteren Methoden buchstäblich bis ins Innerste ihrer Kunden vordringen möchte. Denn wer Interessen, Vorlieben, Meinungen kennt, kann zur richtigen Zeit und am richtigen Ort exakt mit der jeweils gewünschten Leistung für seine Kunden zur Stelle sein. Annäherungen sind nicht länger vonnöten, denn Datenprofile erlauben das Nachvollziehen von Entscheidungsprozessen individueller Konsumenten. Man kennt seine Kunden heute genau und weiß um ihre Bedürfnisse und Konsumwünsche. Die gute alte Zielgruppe mit ihren teuren Streuverlusten gehört der Vergangenheit an. Denn die massenhafte Verfügbarkeit persönlicher Daten versetzt Unternehmen in die einmalige Position, ihre Kommunikationsmaßnahme an die kleinste denkbare Zielgruppe zu richten: an die Einzelperson. Marketingmaßnahmen werden immer stärker für jeden einzelnen (potenziellen) Kunden maßgeschneidert. Nicht mehr der »Große Bruder«, der allein und gottähnlich, allmächtig hinter den Überwachungsgeräten steht, ist heute die größte Gefahr für die Privatsphäre, sondern viele »kleine Brüder« dringen bis ins Privateste vor, indem sie aus den Datenmassen geldwerte Menschenprofile schaffen. Zwar geht es immer noch darum, den überwachten Menschen zu einem »richtigen« Verhalten zu bewegen, aber eben nicht mehr zu einem gleichgeschalteten Verhalten im totalitären Staat, sondern zu einem konsumfreudigen Handeln im Sinne der Profitsteigerung der Unternehmen.

Leben im digitalen Panopticon

Es geht aber um weit mehr als personalisierte Werbung. Datensammler wissen heute so viel über Einzelne wie nie zuvor, sie verfügen über digitale Abbilder unserer selbst, die Datenschutz als Anachronismus erscheinen lassen und das traditionelle Konzept von Privatheit auf den Kopf stellen. Dies hat nicht zuletzt damit zu tun, dass sich die Qualität des Internets in den letzten Jahren radikal verändert hat: War es anfänglich ein Werkzeug zum Austauschen und Beschaffen von Informationen, so hat sich das Internet heute zu einer Art digitalen Öffentlichkeit entwickelt. Begeben wir uns in diese Öffentlichkeit, so steht uns – nicht anders als beim Schritt hinaus aus den eigenen vier Wänden – ein Publikum gegenüber, das uns beobachten kann – mit dem entscheidenden Unterschied, dass das Publikum im Netz potenziell unendlich groß ist. Jede Äußerung, jede Aktivität wird prinzipiell für jeden einsehbar, ob Familienangehöriger oder Chef, ob Freund oder Neider, ob Nachbar oder Vermieter, ob Steuerbehörde oder Polizei. Die Informations- und Kommunikationstechnologien erlauben nicht nur ein hohes Maß an Überwachung, sondern befördern zusätzlich die ungleiche Verteilung von Macht zwischen Überwacher und Überwachtem, zwischen Datensammler und ausgespähtem Konsumenten. Die Metapher des Panopticons – ein vom britischen Philosophen Jeremy Bentham (1995) ersonnenes Konzept zum Bau von Gefängnissen und ähnlichen Anstalten – scheint unsere Gesellschaft mit ihren medial vermittelten Sozialbeziehungen gut zu beschreiben: Im Mittelpunkt steht ein Beobachtungsturm, um den herum ringförmig die Zellen angeordnet sind. Die Gefangenen sind für den Wärter im Gegenlicht als Silhouetten gut sichtbar, während der Wärter selbst im Dunkel seines Turms schlecht ausgemacht werden kann. Die Bauweise ermöglicht daher die permanente und totale Überwachung einer großen Anzahl Gefangener durch einen einzigen Menschen, während die Gefangenen nie wissen können, ob sie gerade beobachtet werden. Ist die digitale Welt ein Panopticon? Es wird ein ununterbrochener Blick auf Menschen gewährt, ohne dass diese wissen, ob sie gerade im Fokus stehen. Auch weiß das Individuum nicht, welcher Aspekt seiner Online-Identität unter Beobachtung ist: Bilden die Datensammler ihre Profile, so hat niemand außer ihnen selbst eine Ahnung davon, aufgrund welcher Daten diese zustande kommen. Sind die digitalen Abbildungen von Personen korrekt? Oder sind sie unvollständig, verzerrt oder veraltet? Wie dem Gefängniswärter seine Gefangenen müssen wir den Datensammlern als Silhouetten erscheinen, während wir nur ins Dunkle starren, ohne zu wissen, ob wir beobachtet werden und welches Bild die Beobachtung ergibt. Die bloße Möglichkeit, überwacht zu werden, beeinflusst schon das Verhalten. Hat also der öffentliche Zugang zu persönlichen Informationen zur Folge, dass sich unsere sozialen Interaktionen verändern? Kann man nicht heute schon beobachten, dass insbesondere soziale Netzwerkplattformen neue Formen von Sozialverhalten entstehen lassen, die dazu beitragen, den Unterschied zwischen virtuellen und realen Interaktionen aufzuweichen?

Die besondere Brisanz der Beobachtung durch die digitale Welt ergibt sich auch daraus, dass Daten nicht nur nicht mehr gelöscht werden, sobald sie einmal entstanden sind, sondern dass sie systematisch eingesammelt, archiviert und analysiert werden. Auf die Rechnung der modernen Informations- und Kommunikationstechnologie geht nicht nur die massenhafte Entstehung der Daten, sondern sie ist es auch, die die Speicherung und Analyse der Datenmassen erst zulässt.

Immer schon folgten Datenschutzprobleme Technologieinnovationen auf dem Fuße. Als Mitte des 19. Jahrhunderts die Massenpresse in Nordamerika und kurz darauf auch in Europa aufblühte, erreichten die Nachrichten – sowie

Klatsch und Tratsch – plötzlich Millionen von Menschen. Als Reaktion auf die durch die Druckerpresse neu geschaffenen Möglichkeiten, Informationen in großem Stile auszutauschen, damit aber auch in die Privatsphäre von Menschen einzudringen, formulierten im Jahre 1890 zwei US-amerikanische Juristen »das Recht auf Privatheit« (»The Right to Privacy«) in einem ebenso betitelten Artikel. (vgl. Warren/Brandeis 1890) Wenn sie darin darauf hinweisen, dass Klatsch und Tratsch nicht länger den Untätigen und Bösartigen vorenthalten ist, sondern zu einem mit Fleiß und Frechheit betriebenen Handel geworden ist (»Gossip is no longer the resource of the idle and of the vicious, but has become a trade, which is pursued with industry as well as effrontery.«), dann klingt dies wie die Vorwegnahme aller Bedenken gegen *Facebook*, *Google* & Co. Heute sind es die mächtigen Möglichkeiten von Computern und Internet, die neue Einfallstore in die Privatsphäre eröffnen und den Datenschutz auf den Plan rufen.

Das aktuelle Datenschutzrecht in Deutschland stammt aus einer Zeit, in der die automatisierte Datenverarbeitung in den Verwaltungen immer stärker vorangetrieben wurde und die dadurch entstehenden Datenbanken staatlicher Behörden Diskussionen um Gefährdungen der Privatsphäre des Einzelnen und die Entstehung einer umfassenden Informationsmacht des Staates auslösten. 1970 verabschiedete Hessen als erstes Bundesland ein Landesdatenschutzgesetz, 1978 trat das Bundesdatenschutzgesetz in Kraft. Darin wurden Bundesbehörden und Privatwirtschaft zur Einhaltung bestimmter Regeln bei der Datenverarbeitung verpflichtet, außerdem waren Bürgerrechte und Kontrollmechanismen enthalten. Am 15. Dezember 1983 formulierte das Bundesverfassungsgericht in einer Grundsatzentscheidung das Grundrecht auf informationelle Selbstbestimmung, das in Zeiten der »modernen Datenverarbeitung« den einzelnen Bürger »gegen unbegrenzte Erhebung, Speicherung, Verwendung und Weitergabe seiner persönlichen Daten« schützen solle. Die Verfassungsrichter haben damit im Rahmen des Volkszählungsurteils einen neuen Aspekt des Allgemeinen Persönlichkeitsrechts in den Vordergrund gerückt und dem Einzelnen die Befugnis eingeräumt, »grundsätzlich selbst über die Preisgabe und Verwendung seiner persönlichen Daten zu bestimmen«. Mit diesem Urteil wandten sie sich auch gegen eine Gesellschaftsordnung, »in der Bürger nicht mehr wissen können, wer was wann und bei welcher Gelegenheit über sie weiß«. Denn in einer solchen Gesellschaftsordnung wäre die freie Entfaltung der Persönlichkeit beeinträchtigt, so führen die Richter aus, und nicht nur das: Mit den fehlenden individuellen Entfaltungschancen des Einzelnen sei auch das Gemeinwohl gefährdet, »weil Selbstbestimmung eine elementare Funktionsbedingung eines auf Handlungsfähigkeit und Mitwirkungsfähigkeit seiner Bürger begründeten freiheitlichen demokratischen Gemeinwesens ist«.

Das Grundrecht auf informationelle Selbstbestimmung entstand circa eine Dekade, bevor das Internet durch das Word Wide Web seinen rasanten Auftrieb startete, lange bevor man mit Datenkraken, die geschäftsmäßig das Sammeln personenbezogener Daten betreiben, zu tun hatte, auch das Niveau der Technik zur Analyse von Daten hinkte den heutigen Möglichkeiten um Längen hinterher. Im Nachhinein betrachtet kann es daher als überaus hellsichtig bezeichnet werden, dass das Verfassungsgericht zu einem solchen Zeitpunkt dieses Grundrecht aus der Taufe hob.

Dennoch werfen der Siegeszug von PC und Internet, die ständig weiter ansteigende Rechen- und Speicherleistung bei fallenden Preisen und einer Allgegenwart von automatischer Datenverarbeitung die Frage auf, ob der Datenschutz seiner Aufgabe noch gerecht werden kann. Die Datenverarbeitung hat seit der Geburtsstunde des Datenschutzrechts riesige Entwicklungssprünge gemacht – hinkt dieses heute den neuen Technologien hinterher? Kann das Datenschutzrecht, wie es in der Prä-Internetära ersonnen wurde, noch halten, was es dereinst versprach? Sicher ist so viel: Im Lichte der kolossalen Änderungen wird heute schon unser regulatorischer Rahmen zum Schutz der Privatsphäre und persönlicher Daten auf eine harte Probe gestellt, nach allen Seiten hin wird an diesem Gerüst gezerrt und gezogen, um es für die aktuellen Bedingungen passend zu machen.

Das Grundrecht auf informationelle Selbstbestimmung beruht auf zwei Prinzipien: zum einen der Datenvermeidung und zum anderen der durchdachten Entscheidung informierter Bürger, ob und wem sie ihre Daten preisgeben. Beides scheint heute für den durchschnittlichen Internetnutzer schwer einzuhalten – und wird mit der weiteren Ausbreitung von Informationstechnologie immer schwieriger zu bewerkstelligen. Die Anforderungen an den Schutz der Privatsphäre haben sich drastisch gewandelt: Das Sammeln, Vorhalten und Analysieren von Kundendaten gehört heute zum Standardrepertoire von Unternehmen; automatische Datenverarbeitung wird in großem Umfang betrieben; die Welt ist vernetzt und Daten werden global in Echtzeit ausgetauscht; Web 2.0 »erleichtert« die Preisgabe personenbezogener Daten und verlockt zum Mitmachen; immer mehr Rechnerleistung steckt in Alltagsgegenständen und bleibt für den Nutzer unsichtbar. Die Verarbeitung von Daten war früher durch Ort, Zeit sowie die Menge der Daten beschränkt. Mit dem Internet jedoch können Daten in Windeseile an das andere Ende der

Welt geschickt werden und die technische Fortentwicklung lässt die Grenzen der Verarbeitungs-, Speicher- und Übertragungskapazitäten fallen. Der Blick durchs Schlüsselloch gewährte einst einem Einzelnen Zugang zu Privatem, im Internetzeitalter dringt potenziell die gesamte Weltöffentlichkeit in die Privatsphäre ein.

Seitdem das Internet zu seinem Höhenflug antrat, gibt es Dispute zwischen Datenschützern, die vor einem Missbrauch personenbezogener Daten und Eingriffen in die Privatsphäre schützen wollen, und Vorkämpfern der boomenden Branche, die das junge Pflänzchen Internet in seinem Wachstum und dem Ausschöpfen sämtlicher Möglichkeiten nicht gefährden wollen und überhaupt rechtliche Beschränkungen in einer weltweit vernetzten Welt für nicht zeitgemäß halten. Als symptomatisch für diese Haltung kann der bereits im Jahr 1999 von Scott McNealy, CEO von *Sun Microsystems*, getätigte Ausspruch gelten: »You have zero privacy anyway. Get over it.« Ist es also an der Zeit, sich von der Privatsphäre zu verabschieden? Denn selbst unter Privatpersonen werden Daten erhoben und »analysiert«; schlicht weil wir immer schon neugierig waren, heute aber die Technik alle Möglichkeiten der Überwachung bietet: Human Tracking bis hin zu *Google Goggles* – nichts entgeht mehr dem wachsamen und technisch aufgerüsteten Auge.

Die von George Orwell in »1984« beschriebene Überwachungsinfrastruktur nimmt sich harmlos aus im Vergleich zum Netz aus Daten, das sich heute immer dichter über unser gesamtes Leben legt. Erfolgte die Kontrolle in Orwells Dystopie mittels Video-Überwachung durch »Teleschirme«, so sind Überwachungsmonitore heute obsolet: Informationstechnologie durchsetzt sämtliche Objekte und Aktivitäten unseres täglichen Lebens – und zwar in einem solchen Maße, dass wir nicht einmal mehr wissen, wo und wann wir beobachtet werden. Kontrolle über die eigenen persönlichen Daten zu behalten, sich Selbstbeschränkung im Blick auf die überall erwartete Datenfreizügigkeit aufzuerlegen, fällt immer schwerer in einer Welt, in der Informations- und Kommunikationstechnologie dermaßen präsent sind wie wir es heute erleben. Dem Durchschnittsnutzer des Internets gelingt es stets weniger zu überblicken, welche Daten wem verfügbar gemacht werden, wie diese ausgewertet oder mit anderen Daten verknüpft werden: Für einen durchdachten und verantwortungsbewussten Umgang mit den eigenen personenbezogenen Daten fehlt oftmals das Wissen. Selbst wer vorsichtig mit seinen Daten umgeht, hat kaum noch einen Überblick darüber – geschweige denn Einfluss darauf –, was die Spur, die er hinterlässt, über seine Person verrät und wer auf sie zugreift. Und nicht immer sind die Konsequenzen so harmlos wie unerwünschte Werbung; machen sich etwa Identitätsdiebe oder Stalker auf unsere Datenspur, dann sind der Bedrohung unserer Existenz Tür und Tor geöffnet. Immer weniger wissen die Menschen, was mit ihren Daten geschieht, immer mehr stellt sich ein Kontrollverlust in der informatisierten Welt ein. Ist aber ein totaler Kontrollverlust notwendig, um die Vorteile des vernetzten Lebens nutzen zu können?

Datenschutz im Wettlauf mit dem technologischen Fortschritt

Ist also die Zeit reif für neue Maßnahmen, damit der Datenschutz mit den rasanten Entwicklungen der Technik Schritt halten kann? Die Art und Weise, wie heute mit personenbezogenen Daten umgegangen wird und wofür sie verwendet werden, ändert sich mit atemberaubender Geschwindigkeit. Immer neue Techniken legen immer neue Datenspuren, und selbstverständlich findet sich immer jemand, der diese Spuren einsammelt, um dem gläsernen Kunden näher zu kommen. Es ist daher klar, dass sich in einer solchen Situation auch die Art und Weise ändern muss, wie wir unsere Daten schützen.

Eine Reihe von Entwicklungen hat besonders großen Einfluss auf die Fortentwicklung des Datenschutzes und ihnen wird daher ein besonderes Augenmerk geschenkt werden müssen: Erstens verlangt die Gewährleistung von Datenschutz immer stärker nach internationalen Regelungen. Der Datenschutz auf nationaler Ebene stößt angesichts globaler Datenströme und Internetdienste immer deutlicher an seine Grenzen. Dies bedeutet nicht, dass der Datenschutz von der Agenda nationaler Politik gestrichen werden soll, wirklich effektiv werden aber zukünftig nur noch international abgestimmte Regelungen sein. Zweitens muss der Datenschutz den Fokus stärker auf die privaten Datensammler richten. Dabei ist insbesondere dem Umstand Rechnung zu tragen, dass sich extreme Gefährdungen der Privatsphäre und Persönlichkeitsrechte ergeben, wenn die einzelnen – für sich genommen möglicherweise wenig aussagekräftigen – Datenbestände konsolidiert werden. Werden auf diese Weise auf konkrete Personen beziehbare Profile abgeleitet, können daraus weitreichende Erkenntnisse über Verhalten, Interessen, Vorlieben oder Einstellungen von Individuen gewonnen und kommerziell genutzt werden. Aus der Zusammenführung und Verknüpfung von Daten ergibt sich eine Riesenmacht der Datensammler, worauf das derzeitige Datenschutzrecht nur unzureichende Antworten kennt. Freilich ergibt nicht jede Konsolidierung von Daten ein Persönlichkeitsprofil und nicht jedes Menschenprofil bedeutet eine Beeinträchtigung von Persönlichkeitsrechten. Viele Menschen stimmen der Bildung beispielsweise von Kauf- und Konsumprofilen im Austausch gegen

Preisnachlässe oder kostenlose Leistungen zu. Daten sind zur Währung geworden, ohne die viele Angebote im Internet wahrscheinlich nicht existieren würden. Drittens wird es für den Einzelnen immer schwieriger zu erkennen, ob und inwieweit sein Handeln datenschutzrechtlich relevant ist: Wann und wo Daten erhoben und verarbeitet werden, ist in unserer heutigen vernetzten Welt allgegenwärtigen Computings längst nicht mehr so transparent wie in den Zeiten von Aktenordnern und Karteikarten. Cookies, eingebettete Systeme, die Speicherung von Suchanfragen und vieles mehr – für den unbedarften Nutzer ist keineswegs immer klar, dass sein Handeln eine Datenspur legt. Und viertens lassen sich die datenschutzrechtlichen Verantwortlichkeiten immer schwerer zuordnen: Angesichts der Datenflut, die Menschen freiwillig erzeugen und dabei Persönliches oft unachtsam zum Besten geben, kann es nicht länger alleinige Aufgabe des Staates sein, für den Datenschutz zu sorgen. Selbstdatenschutz wird daher in Zukunft immer stärker zur tragenden Säule des Schutzes der Privatsphäre. Daneben müssen aber auch Entwickler und Hersteller von Datenverarbeitungssystemen strikter in die Pflicht genommen werden, um Datenschutzbelange von Beginn an mitzuverfolgen und in die technischen Lösungen zu integrieren. Viel konsequenter als bisher müssen Nutzer die Möglichkeit bekommen, für sich selbst zu entscheiden, welche Information für wen verfügbar sein soll, unter welchen Bedingungen und für welche Zeitdauer.

Aber ist in unserer Welt Datenschutz – wie wir ihn herkömmlich verstehen – überhaupt noch möglich? Oder ist nicht das Konzept des Datenschutzes in sich zusammengebrochen in unserer Informationsgesellschaft, in der Daten den Rohstoff für alle möglichen Abläufe des täglichen Lebens bilden? Die Herausforderungen für den Datenschutz sind daher nicht nur neu, sie haben auch eine gänzlich andere Qualität als bisher. Kann deshalb auf der althergebrachten Ebene des Datenschutzes weitergearbeitet werden, indem eine inkrementelle Verbesserung der anderen folgt, aber die Technikentwicklung trotzdem immer mindestens einen Schritt voraus ist? Oder muss nicht vielmehr das gesellschaftliche Fundament so angepasst werden, dass mit der neuen Datenfreizügigkeit umgegangen werden kann? Schon der Begriff »Datenschutz« erscheint anachronistisch und irreführend, da es immer weniger um eine Beschränkung der sich in Umlauf befindlichen Daten geht – schleudern wir doch freiwillig eine schier unvorstellbare Unmenge persönlicher Daten in die Welt hinaus –, sondern im Mittelpunkt immer mehr ein Schutz der Personen stehen muss, deren Daten gespeichert, verarbeitet, weitergeleitet, mit anderen Daten verknüpft, analysiert und verkauft werden. Effektiver Datenschutz muss daher zuallererst bei den Betroffenen ansetzen. Nur wenn sich jeder Einzelne über die Folgen seines Handelns für sich selbst und für andere bewusst ist, kann er verantwortungsbewusst handeln. Datenschutz wird daher immer mehr als gesamtgesellschaftliche Bildungsaufgabe verstanden werden müssen. Wir müssen lernen, mit den eigenen Daten umzugehen, was man wem anvertraut, wie die eigene Reputation im Netz aufgebaut und gepflegt wird. Und bewusst werden müssen wir uns auch über die Grenzen, die immer wieder gesetzt werden, und die Kontrolle und Transparenz, die immer wieder eingefordert werden müssen.

Die Entgrenzung von Offline- und Online-Welt macht es erforderlich, anders als bisher über Datenschutz nachzudenken. Daten sind allgegenwärtig, entstehen immerfort, und ohne, dass wir es überhaupt merken. Es liegt nicht mehr in der Hand des Einzelnen, darüber zu entscheiden, ob Daten herausgegeben werden oder nicht. Ein dicht gewebtes Datennetz überlagert unser Leben und bildet uns digital ab. Wenn es nach den Zukunftsvisionen von *Facebook*-Gründer Zuckerberg geht, dann wird zukünftig *Facebook* zu einem ständigen Begleiter werden, der uns bessere »Suchergebnisse« liefern kann als *Google* oder sonstige Suchmaschinen: Menschen werden nicht mehr jene Restaurants besuchen, Bücher lesen oder Filme ansehen, welche *Google* auf seiner Trefferliste ausspuckt, sondern welche von Freunden empfohlen wurden. Jedes elektronische Gerät wird mit *Facebook* verknüpft sein, um immerzu vernetzt zu bleiben: Schalte ich den Fernseher ein, werde ich sogleich wissen, was meine Freunde ansehen, kaufe ich ein neues Telefon, werden die Nummern meiner Bekannten schon eingespeichert sein. Ein fortwährender Datenstrom soll das Leben einfacher machen: Fragen sollen erst gar nicht aufkommen, weil die Antwort immer schon da ist, und Entscheidungen werden abgenommen. Wohin *Facebooks* Weg zielt, soll illustrieren, wie dicht das Datennetz der Zukunft gestrickt sein wird. Ein Ausschalten, ein »aus dem Internet gehen« wird nicht mehr vorgesehen sein. Es ist schwer vorstellbar, wie Datenschutz in der bisherigen Form dem Schutz der Privatsphäre in einer solchen Welt dienen kann. Wird uns die Technologie dazu zwingen, zwischen Privatsphäre und Freiheit im Internet zu wählen?

»On the Internet, nobody knows you're a dog«

So weit muss es nicht kommen – jedoch: In Zeiten der zunehmenden kommerziellen Bedeutung von Daten erfährt das Konzept der Privatsphäre einen neuen Stellenwert. Immer weniger wird unter Privatsphäre Abgeschiedenheit und Anonymität verstanden, sondern Kontrolle zu behalten darüber, was publik wird und was nicht. Privatheit ist also nicht das Unerkannt-Bleiben in den Weiten des Internets, das Anonym-Werden in den Datenmassen – dies ist auch ein Ding der Unmöglichkeit: mit zunehmender Datenmenge nimmt ja die Anonymität ab, wir werden leichter identifizierbar, je mehr Datenspuren wir hinterlassen. Privatheit bedeutet heute, dass wir autonom und selbstbestimmt darüber entscheiden können, wer was über die eigene Person weiß. Die Fülle und Allgegenwart von Daten lässt Anonymität in unserem vernetzten Leben immer mehr verschwinden. Anonymität wandelt sich zur Pseudonymität: Der Netzbewohner zielt nicht mehr so stark darauf ab, um jeden Preis unerkannt zu bleiben, sondern Kontrolle über die eigene Identität zu behalten. Und da sich mit dem Internet eine Fülle von Möglichkeiten der Selbstdarstellung eröffnet, wird Identität mehr und mehr gestaltbar, sie wird nicht länger gesucht, sondern konstruiert. Deswegen haben wir es auch nicht nur mit einer einzigen Identität, sondern vielen verschiedenen Identitäten zu tun. Was auf professionellen Netzwerken (*Xing*, *LinkedIn*) zum Zwecke des Selbstmarketings im Rahmen der Jobsuche hinterlassen wird, lässt möglicherweise andere Schlüsse über die eigene Person zu als veröffentlichte Texte in Blogs oder Meinungsäußerungen in diversen Foren. Und der virtuelle Exhibitionismus auf den eher für private Zwecke genutzten sozialen Netzwerken wie *Facebook* zeichnet ein nochmals gänzlich anderes Bild einer Person. Die digitalen Identitäten repräsentieren jeweils Teilidentitäten einer Person, sind eine Ansammlung verschiedener Attribute und werden durch Pseudonyme gekennzeichnet. Im virtuellen Leben sind wir nicht eine einzige Person, sondern treten je nach Kontext unter verschiedenen Pseudonymen mit unterschiedlich sichtbarer Datenausstattung auf. Die Privatsphäre kann nun dadurch geschützt werden, dass digitale Identitäten nicht unbedingt einer bestimmten Person zuzuordnen sind; außerdem kann der Nutzer selbst entscheiden, wer zu welcher seiner Teilidentitäten Zugang erhält.

Immer mehr wird jeder Einzelne daher aufgefordert sein, sich zu fragen, was das Netz über ihn weiß, was öffentlich zur eigenen Person sichtbar ist, und sich Gedanken über die Preisgabe persönlicher Informationen im Hinblick auf mögliche Verwendungsarten zu machen. Die Entscheidung der Zukunft wird aber nicht mehr sein, »preisgeben oder nicht preisgeben?«, sondern »wem preisgeben?«. Man schafft sich mehrere Identitäten, die in jeweils unterschiedlichen Kontexten agieren. Die informationelle Selbstbestimmung in der digitalen Welt basiert auf selbstbestimmtem Identitätsmanagement in Nutzerhand: Der Entstehung von umfassenden digitalen Persönlichkeitsprofilen, die exakte Kopien realer Personen darstellen, wird entgegengewirkt, indem anhand von mit Pseudonymen bezeichneten Teilidentitäten agiert wird und diese klar voneinander getrennt werden. Privatheit bedeutet dann, es in der Hand zu haben, welche Teilidentität in welcher Situation auftritt und wem Zugang zu welchen Daten gewährt wird. Im Grunde ist das nicht anders als im »richtigen Leben«: Wie viel wir von uns preisgeben, hängt immer von der jeweiligen Einschätzung der Situation ab, in der wir uns befinden. Nicht jedes Publikum erhält Zugang zu allen Aspekten, die unsere Persönlichkeit ausmachen.

»On the Internet, nobody knows you're a dog« ist ein Sprichwort, das als Bildunterschrift eines Cartoons aus *The New Yorker* seinen Anfang nahm und heute den Umgang mit unterschiedlichen Identitäten im Internet symbolisiert. Peter Steiner publizierte im Juli 1993 den Cartoon, der zwei Hunde zeigt: einer sitzt auf einem Stuhl vor einem Computer und spricht den Satz zu einem zweiten, am Boden sitzenden Hund. Identitätsmanagement im Internet soll ermöglichen, jene Teilidentität anzunehmen, die der jeweiligen Situation angepasst ist – bis zur kompletten Umgestaltung der Identität. So wie man auch im richtigen Leben nicht jedem Menschen sein komplettes Ich zeigt (im Beruf kleidet man sich anders als zu Hause, dem Freund erzählt man persönliche Angelegenheiten, die den Chef nichts angehen, und der Arzt erfährt andere Dinge als der Steuerberater), tut man dies auch im Internet zum Schutz der Privatsphäre. Tritt man als Käufer im Internetshop auf, so verrät man zwar seine Adresse, aber das Geburtsdatum oder der Familienstand tun nichts zur Sache. Gänzlich anonym möchte man wahrscheinlich Selbsthilfegruppen im Internet beitreten, kommuniziert man per E-Mail mit Freunden, ist man hingegen offen.

Während in der Offline-Welt das Management unserer unterschiedlichen Teilidentitäten intuitiv vonstatten geht, so bedarf es in der Online-Welt schon einiges an bewusster Überlegung, um kontextgerecht jeweils die passende Teilidentität zum Vorschein zu bringen, nicht zu viel, aber auch nicht zu wenig zu offenbaren und die Teilidentitäten so weit wie möglich überschneidungsfrei zu halten.

Das Ende der Privatheit?

Privatheit, »das Recht, allein gelassen zu werden« (Warren/Brandeis 1890), muss heute viele Angriffe von den verschiedensten Seiten über sich ergehen lassen: Zum einen wäre der Staat zu nennen, der verstärkt ein Auge auf das Verhalten seiner Bürger wirft, weil dies ein effizientes Verwaltungshandeln und die Terror- und Kriminalitätsabwehr so verlangen. Und zum anderen greift ein starker kommerzieller Sektor nach den persönlichen Daten von Kunden und

Personen, die dies werden sollen: Durch geschicktes Sammeln und Auswerten von Daten mit Hilfe immer klügerer Technik will man den geheimsten Wünschen und Konsummustern von Personen auf die Spur kommen. Daneben hat das Konzept der Privatheit mit einem weiteren Phänomen zu kämpfen: Menschen haben immer weniger Bedenken, freiwillig persönliche Informationen preiszugeben. Ein Leben im und mit dem Internet scheint auch gar nicht anders möglich zu sein: Viele Internetdienste beruhen ja auf der Preisgabe privater Daten. Der Schutz der Privatsphäre scheint mehr und mehr einem Darstellungsdrang in der Öffentlichkeit zum Opfer zu fallen. Es sind Transparenz, Sichtbarkeit, Erreichbarkeit sowie die Verbindung und der Austausch mit anderen, was Menschen heute besonders wichtig ist. Privatheit, verstanden als ein Zurückziehen, ein Abschotten von anderen, ist nicht vereinbar mit solchen Werten. Das Private dringt immer stärker in die Öffentlichkeit vor. Eine Welt, in der alle von allen alles wissen – muss das nicht zwangsläufig das Ende der Privatsphäre bedeuten?

Der Schutz der Privatsphäre hat traditionell viel mit der Ausgestaltung unserer räumlichen Welt zu tun: Wir schließen Türen, um für uns zu sein, halten Abstand zu Personen, um Gespräche nicht mitzuhören, und können uns gewöhnlich auf die Einhaltung gewisser sozialer Normen verlassen in Zusammenhang mit Berührungen, Blickkontakt oder interpersoneller Distanz. Mit Einzug der Informationstechnologie in unser Leben funktionieren diese physischen, psychologischen und sozialen Mechanismen der Regulierung von Privatheit nur noch eingeschränkt: Die uns umgebende Öffentlichkeit ist nicht länger durch den physischen Raum umrissen, sondern ist unendlich groß, unbekannt und weit entfernt. Durch die Möglichkeit der Speicherung von Informationen existiert in der virtuellen Welt Öffentlichkeit außerdem nicht nur in der Gegenwart, sondern erstreckt sich in die Zukunft. Die Informationstechnologie schafft eine Vielzahl von Verschränkungen zwischen physischer und virtueller Welt; in diesem Umfeld werden Personen zu Repräsentationen jener Informationen, die sie explizit oder implizit beigetragen haben. (vgl. Palen/Dourish 2003) In vielerlei Hinsicht gleicht unser Leben heute einem offenen Buch: Selbst wenn wir unseren Aufenthaltsort nicht auf *foursquare* bekanntgeben, so verfolgen doch Überwachungskameras und Mobiltelefone mit GPS-Empfänger unsere Bewegungen, tauschen wir uns nicht für alle mitlesbar in Foren und auf sozialen Netzwerken über unsere Interessen und Feizeitgestaltung aus, so weiß *Google* aus unseren Suchanfragen doch ein recht akkurates Bild dessen zusammenzufügen, was in uns vorgeht.

Die Sphären des Privaten und Öffentlichen greifen in unserer Welt umfassender Datensammlungen, auf die überall und immerzu in Echtzeit zugegriffen werden kann, immer mehr ineinander und werden immer weniger unterscheidbar. Stehen wir vor dem Ende der Privatsphäre, so wie wir sie kennen? Ist der Kontrollverlust noch aufzuhalten, und wie kann ein »Management« von Privatheit in einer total vernetzten, digitalen Welt gelingen? Ist nicht unser Datenschutzrecht, das auf dem Grundrecht auf informationelle Selbstbestimmung aufbaut, obsolet, wenn man sich vor Augen führt, dass bereits fast die gesamte junge Generation in sozialen Netzwerken organisiert ist? Als höchst normale Form der sozialen Interaktion werden dort Fotos und persönliche Informationen ausgetauscht. Man erinnert sich: Das vom Bundesverfassungsgericht im Jahr 1983 formulierte Grundrecht auf informationelle Selbstbestimmung basiert auf zwei Prinzipien: der Datenvermeidung und der durchdachten Entscheidung informierter Bürger, ob und wem sie ihre Daten geben. Beides ist nicht vereinbar mit dem sozialen Leben im Netz, wo Daten längst ein Eigenleben führen.

Privatheit hat heute einen schweren Stand: Auch mehren sich die Stimmen, die das Ende der Privatsphäre für einen erstrebenswerten Zustand halten. Wenn jedermann wüsste, was der andere verdient, wenn Krankenakten für alle einsehbar wären, wenn wir die Telefonnummer jedes beliebigen Passanten wüssten – dann käme das nach Ansicht von Vertretern der »Post Privacy«-Bewegung einer Weiterentwicklung der Gesellschaft gleich, weil es keine »Geheimnisse« mehr gäbe. Vollkommene Transparenz statt Datenschutz wird gefordert: Die Datenschutzdebatte würde sich auflösen, wenn die einzelne Privatinformation in der allgemeinen Datenflut untergeht. In der Konsequenz bedeutet dies, dass nicht mehr der Einzelne entscheidet, welche Informationen er preisgibt, sondern der Empfänger durch Filtern souverän regelt, was er wahrnehmen möchte. Das Zurückhalten von Daten würde nichts anderes bewirken als Intoleranzen zu befördern, weil der private Raum nicht nur Schutzraum für das Individuum selbst sei, sondern einer Gesellschaft erst erlaube, sich mit Problemen, die aus ihrer eigenen Vielfalt entstehen, nicht befassen zu müssen. Gerne bemühtes Beispiel der »Post Privacy«-Advokaten ist die Erkämpfung von Homosexuellenrechten: Erst der Gang an die Öffentlichkeit verlieh der Homosexualität ein menschliches Antlitz und zwang die Gesellschaft, sich mit der Realität auseinanderzusetzen und Homosexualität nicht als Randphänomen oder gar Perversion abzutun. Warum den Informationsempfängern ein solch weitgehendes Recht zukommen sollte, erklärt der »Post Privacy«-Ansatz dabei nicht. Auch nicht, warum die Utopie einer Welt ohne Geheimnisse höher zu bewerten sein soll als die Quasi-Abschaffung einer so wichtigen gesellschaftlichen Errungenschaft wie der Meinungsfreiheit. Einer solchen kommt die Forderung der uneingeschränkten Herausgabe von Informationen nämlich gleich: Wenn der Sender nicht mehr entscheiden darf, welche Information er preisgibt, der Empfänger aber gefiltert wahrnehmen darf, dann ist das Recht auf Meinung vom Sender hin zum Empfänger verschoben: Nur dieser darf eine Auswahl treffen, Zusammenhänge herstellen und Urteile fällen.

Privatheit im Informationszeitalter: Eine Neudefinition

Kann die Gesellschaft aber tatsächlich durch totale Offenlegung aller Informationen zur Toleranz gezwungen werden? Oder sieht die Realität nicht eher so aus, dass auch in den liberalsten Gesellschaften ein Klima bedingungsloser Toleranz als Utopie gelten kann? So richtig es ist, dass Datenschutz – als Geheimhalten personenbezogener Daten verstanden – nicht aufrechterhalten werden kann, je mehr informationsverarbeitende Systeme das Leben durchdringen, so wenig kann die Lösung des Problems darin bestehen, den Datenschutz einfach über Bord zu werfen. Die Debatte muss ihre Perspektive erweitern: Nicht Daten müssen geschützt werden, sondern Menschen und ihre Identitäten! Daher darf die Debatte rund um Gefährdungen der Privatsphäre nicht auf Datenschutz reduziert werden. Das Konzept der Privatheit stellt nicht Daten, sondern Menschen mit all ihren Bedürfnissen, Interessen und Wünschen in seinen Mittelpunkt. Auch ist Privatheit nicht gleichbedeutend mit Geheimhaltung und dem Verbergen von Informationen, sondern es geht um die angemessene Handhabung von persönlichen Informationen und um den Respekt vor dem Menschen, den diese betreffen. Außerhalb der Sphäre des Internets war uns dies immer schon eine Binsenweisheit: Dass ein Arzt Informationen über seine Patienten nur im Rahmen der Behandlung benutzt, nicht aber um Partyunterhaltungen zu bestreiten oder um Versicherungen über lebensbedrohende Erkrankungen zu informieren, empfinden wir als selbstverständlich.

Es sind also vor allem die digitalen Informations- und Kommunikationstechnologien, die die Vorstellung von Privatheit wandeln. Die neuen Techniken eröffnen nämlich nicht nur ein Fenster zur Welt, sondern im Gegenzug stoßen sie auch der Welt ein Fenster zu unserem Privatleben auf. Einerseits rücken die Medien das Private verstärkt in die Öffentlichkeit und andererseits geben Menschen durch die Mediennutzung – bewusst und unbewusst – immer mehr Informationen über sich preis. Doch wer unter ständiger

Beobachtung lebt, setzt sich der Gefahr aus, immerfort korrigiert, bewertet, kritisiert und nachgeahmt zu werden. Mit der Privatheit verschwindet auch die Individualität, denn der soziale Druck nimmt zu, sich in der erwarteten Art und Weise zu verhalten. Im Online-Zeitalter verwischen die Grenzen der Privatsphäre, und insbesondere soziale Netzwerke tragen zu einer Neudefinition dessen bei, was der moderne Mensch unter Privatsphäre versteht. War es bisher der gewöhnliche Lauf der Dinge, unsere verschiedenen Lebenswelten (Arbeit, Familie, Schule, Verein etc.) zu trennen – sie zusammenzuführen bedurfte persönlichen Einsatzes, nicht umgekehrt –, so erhalten in sozialen Netzwerken im Internet Menschen aus den unterschiedlichsten Kontexten Einsichten in andere, bislang abgetrennte soziale Bereiche (Freunde versus Kollegen, Familie versus Vereinskameraden etc.). Mit den technischen Neuerungen ändern sich auch die gesellschaftlichen Konventionen und es kommt zum Ausdruck, dass der Mensch des Internetzeitalters ein zutiefst utilitaristisches Wesen ist: Erscheint ein Angebot als nützlich, wird es in Anspruch genommen. Technische Neuheiten werden ohne größere Bedenken in unser Leben integriert. Schleichend wird auf diese Weise unser Alltag verändert – man denke nur an die gewandelten Kommunikationsgewohnheiten durch das Mobiltelefon. Und so wird sich mit den neuen Technologien, die die Welt vernetzen und den Mensch in den Mittelpunkt von unzähligen Datentransaktionen stellen, auch das Konzept der Privatheit wandeln.

Eines ist sicher: Die strikte Dialektik von Privat und Öffentlichkeit hat ihre Bedeutung verloren – vielmehr liegt die Wahrheit heute dazwischen; was ehemals ein Gegensatz mit ganz klar gezogener Grenze war, ist heute durch verschiedenste Schattierungen gekennzeichnet. Viele Menschen wollen heute Privates einem weiten Kreis öffentlich machen, weil sie dies als Bereicherung ihres Lebens sehen. Allerdings hat unsere Gesellschaft noch nicht in letzter Konsequenz ausgehandelt, zu welchen Konditionen die Preisgabe privater Daten erfolgen soll. Wer soll Zugriff auf die Daten haben? Wem gehören die Daten nach der Veröffentlichung? Gehören sie uns? Der Internetplattform, auf der sie gespeichert wurden? Oder sind sie gar Allgemeingut?

Auch öffnet die Technik neue Einfallstore in die Privatheit: Mobiltelefone dienen nicht länger nur der Kommunikation, sondern sie werden immer mehr dazu genutzt, Informationen über ihre Besitzer und deren Umfeld einzusammeln, so etwa über den Aufenthaltsort oder das soziale Netzwerk. Dies wirft natürlich neue Fragen in punkto Privatheit auf: Werden wir künftig noch einen Stadtbummel machen können, ohne dass sämtliche unserer Stationen in irgendwelchen Datenbanken landen? Gerade das Mobiltelefon hat die Kapazität, eine unglaublich große Zahl verschiedenartigster Daten über Menschen zu produzieren. Dies bedeutet auf der einen Seite ein großes Problem für den Schutz der Privatsphäre, weil das Mobiltelefon als Sensor, der unser gesamtes Verhalten beschreibt, zu einem durch und durch gläsernen Menschen führt.

Das Sammeln von Daten kann allerdings auf aggregierter Ebene auch von großem gesellschaftlichem Nutzen sein. Gerade das Beispiel des Reality Mining zeigt, dass über einzelne Personen nicht einmal viel bekannt sein muss, um allein durch die abgegebenen Signale an die Umgebung zu treffsicheren Vorhersagen zu kommen über die Dynamik in Gruppen, ob jemand etwas kaufen wird, an welcher Straßenecke man am schnellsten ein Taxi erwischt, in welchem Stadtteil das Nachtleben am pulsierendsten ist oder eben auch, wie sich Seuchen verbreiten. Für die Allgemeinheit ergibt das Sammeln von Daten und deren Auswertung also unweigerlich auch große Vorteile. Die Frage ist daher: Wie kann Zugang zu den Daten gewährt werden und gleichzeitig der Schutz der Persönlichkeiten gewahrt bleiben? Das Dilemma erinnert an die großangelegte Medizinforschung, in der extrem sensitive Daten in Datenbanken gesammelt werden, deren Zugriff und Nutzung daher streng geregelt sind. Ähnliches wäre vorstellbar für den Umgang mit sensorbasierten Daten von Mobiltelefonen – oder überhaupt allen möglichen personenbezogenen Daten. Im 21. Jahrhundert wird es neue Strategien und Taktiken geben, um die persönliche Freiheit und Autonomie zu bewahren.

All dies legt nahe, dass in Zukunft Werte und Ziele größere Bedeutung erlangen werden, die über dem Schutz der Privatsphäre stehen. Sind die Umwälzungen also so groß, dass nicht länger der Verlust der Privatsphäre beklagt, sondern ein neues Konzept von Privatheit entwickelt werden muss? Wir müssen Privatheit völlig neu denken, andere Wege beschreiten, um persönliche Autonomie zu wahren. In einer vernetzten Welt kann Privatsphäre nicht länger gleichbedeutend sein mit dem Ausmaß an persönlichen Informationen, die wir bereit sind anderen preiszugeben; Privatheit kann nicht bedeuten, Dinge geheimzuhalten. Der Austausch von Informationen ist Voraussetzung für die Teilhabe an der Informationsgesellschaft des 21. Jahrhunderts. Spätestens seit wir ständig durch Mobiltelefon und Internet mit der Außenwelt verbunden sind, ist ein der Idee des »My home is my castle« nachempfundenes Konzept von Privatheit – also das Aufrechterhalten geschützter Räume, in die andere keinen Zutritt erlangen – nur noch schwer durchzusetzen. Vollkommen unmöglich wird dies in einer Welt der smarten, vernetzten Dinge, die sich nicht nur mit ihren Besitzern und anderen Personen, sondern auch untereinander austauschen. Der Schutz der Privatheit muss daher in Zukunft viel stärker darauf ausgerichtet sein, die Verbindungen im Netzwerk, auf welchen Daten befördert werden, im Auge zu haben: Es geht nicht darum, Räume zu schaffen, in die die Außenwelt nicht eindringt, sondern Verantwortlichkeit und Zurechnungsfähigkeit herzustellen, wann immer Daten erhoben werden. Oder anders ausgedrückt: Die informationelle Selbstbestimmung sollte sich nicht so sehr auf das Ausmaß von Daten richten, das anderen überlassen wird, sondern auf das Ausmaß an Kontrolle über den Austausch und den Gebrauch der Daten. Auch wenn etwa die Nutzer Sozialer Netzwerke im Internet Daten preisgeben, so haben sie doch gewisse Vorstellungen und Erwartungen, wie sodann mit diesen Daten umgegangen wird: Wer soll in welcher Art und Weise Zugang zu den offenbarten Informationen erhalten? Solange die Nutzungsbedingungen Sozialer Netzwerkplattformen nach Belieben geändert werden können, liegt es völlig in der Hand des Dienstanbieters, den Schwerpunkt entweder in Richtung eines offenen Informationsaustauschs oder in Richtung der Wahrung der Privatsphäre der Nutzer zu verschieben.

Privatheit muss als ständig neues Aushandeln von Grenzen verstanden werden: Je nach Situation und unseren eigenen Erwartungen und Erfahrungen sowie denen unserer Interaktionspartner wird Privatheit definiert. Es geht dabei um Autonomie und Integrität: Menschen müssen zu jedem Zeitpunkt wissen, wer welche Daten sammelt und wie diese verwendet werden. Datenschutz wird bedeuten, Machtkonzentrationen zu verhindern, die immer dann entstehen, wenn Überwachung und Manipulation als Folge des Datensammelns im Verborgenen stattfindet. In unserer vernetzten Welt kann Privatheit nicht mehr als Recht oder Status einer Einzelperson aufgefasst werden, sondern muss als strukturelle Angelegenheit, als kollektive Praxis des Umgangs mit Informationen gelten. Ob wir auch in Zukunft eine geschützte Privatsphäre haben werden, wird daher ganz entscheidend davon abhängen, wie das Gut Privatsphäre von unserer Gesellschaft gegenüber Bequemlichkeit, Effizienz und Sicherheit bewertet wird.

4.2 Leben in der vorsortierten Welt

Ein halbes Jahrhundert nachdem George Orwells Dystopie »1984« erschien, wurde ein Spielfilm produziert, der das Schicksal seines berühmten Vorgängers teilen sollte: Zur Zeit seines Erscheinens wurde der Film als übertriebene Karikatur angesehen, rückblickend kann er aber wohl als bittere Prophezeiung der heutigen Wirklichkeit gelten. »The Truman Show« zeigt das Leben eines Mannes, der zunächst nichts davon ahnt, dass er Hauptfigur einer Reality-TV-

Show ist, die sein Leben 24 Stunden am Tag einem weltweiten Fernsehpublikum zur Schau stellt. Von ihren Wohnzimmern aus ist die restliche Menschheit Zeuge, wie Truman Burbank in einer fingierten Stadt aufwächst und dort tagein, tagaus sein vorgegaukeltes Leben führt. Denn alleinig Truman hat nicht die leiseste Ahnung davon, dass er sich in einem gigantischen TV-Studio befindet, umgeben von Schauspielern, die ihm, bis hin zu seiner Ehefrau, persönliche Beziehungen nur vorspielen – ohne dabei auf das stete Einstreuen von Werbebotschaften zu verzichten. Nicht zuletzt die Technik spielt eine immense Rolle, um die unter einer Riesenkuppel platzierte Stadt derart lebensecht wirken zu lassen: Spezialeffekte sorgen für Himmel und Sonne, Regen und Wind. Erst nach über 29 Jahren schöpft der Protagonist Truman Burbank Verdacht, nachdem der Filmcrew ein Fehler unterläuft, der Kratzer an der perfekten Illusion hinterlässt: Truman beginnt zu erkennen, dass seine Umwelt lediglich aus inszenierten Szenen und Ereignissen besteht. Von da an misstraut er seiner wahrgenommenen Realität und macht sich auf die Suche nach der objektiven Wirklichkeit hinter seinem Leben, also den Studiomauern.

Der Spielfilm kann als Metapher unseres Lebens in der digitalen Welt gelesen werden: Denn die Menge an Daten, die heute als Begleitprodukt der verschiedensten Aktionen unseres alltäglichen Lebens – bewusst und unbewusst – generiert wird, zusammen mit den Daten, die Menschen freiwillig, wissentlich und immer großzügiger in die Weiten des World Wide Web schleudern, geben solch tiefe Einblicke in unser Privatleben, dass die Befürchtung naheliegt: Jeder ist Truman – beobachtet von Milliarden von Menschen. »Ich kenne dich besser als du selbst«, lässt im Film Christof, der Produzent der TV-Show, Truman wissen und meint damit: Ich habe dich in der Hand, du wirst ewig Teil meiner Kunstwelt sein, nach meinen Regeln leben und für hohe Einschaltquoten sorgen. Weil Christof meint, verstanden zu haben, wie Truman tickt, und Herr über die äußeren Umstände ist, glaubt er dessen Handeln quasi durch Abarbeitung eines Algorithmus vorherbestimmen zu können. Die totale Transparenz öffnet also Tür und Tor für jedwede Manipulation? Ist dies nicht eine Vorwegnahme von *Googles* Plänen, seinen Nutzern künftig auf ihre Anfragen personalisierte Informationen zur Verfügung stellen zu wollen und stets schon im Vorfeld einer Frage die Antwort zu kennen? Das hieße ja: Abhängig davon, wie Technologiekonzerne wie *Google* unser Datenprofil bestimmen und deuten, werden wir in eine spezifische Medienwelt eintauchen. Jene Informationen und Unterhaltungsangebote werden uns dann zugespielt, von denen das Unternehmen meint, dass sie unseren Wünschen, Plänen, Interessen und Einstellungen entsprechen. Damit ist *Google* auf dem

Weg, unsere Sicht auf die Welt zu definieren – ebenso wie Truman sein idyllisches Leben in der Kleinstadt am Meer vorgesetzt bekommt, ohne eine Wahl zu haben. Er führt ein Leben, wie viele es sich wünschen – nette Frau, netter Job, nette Nachbarn und ein Freund, der bei Bedarf stets zur Stelle ist inklusive –, und dennoch: Es ist ein Leben nach Drehbuch, man kann ihn kaum beneiden um seine verlogene, kalkulierte Scheinwelt. Truman Burbank wirkt wie ferngesteuert, die beschränkte Sicht auf die Welt lässt kaum freie, selbstbestimmte Handlungen zu. Wie frei ist der Mensch der modernen Medienwelt, wenn er nur noch ganz bestimmte Ausschnitte der Welt serviert bekommt, abhängig von dem Bild, das sich andere von ihm machen? Werden wir ebenso wie Truman unter einer Kuppel leben, die nur bestimmte Informationen zulässt, von anderen jedoch abschirmt und jedem Einzelnen nur noch seinen höchst eigenen Ausblick auf die Wirklichkeit gewährt?

Wie Truman Burbank ist jeder Mensch heute gewissermaßen auf der Suche nach »seiner« Realität. Dem Hauptdarsteller der TV-Show gelingt es schließlich, die »echte« Welt hinter der Bühne zu finden, durch eine Tür mit der Aufschrift »Exit«, die er am Horizont findet, verlässt er die von anderen für ihn erdachte Welt. Die TV-Zuschauer bejubeln ihn, und anstatt sich zu fragen, wie man selbst durch Medien manipuliert wird, wechseln sie einfach zum nächsten Programm. Sollten wir nicht in einer Welt, in der das Internet mit seiner unglaublichen Kraft, Scheinwelten zu schaffen, eine immer größere Bedeutung im Leben der meisten Menschen erlangt, zum eigenständigen Lebensraum wird, virtuell und real sich immer stärker verbinden, neu darüber nachdenken, was Realität exakt meint? Denn der enormen Fülle an Informationen und deren freiem Fluss steht gegenüber, dass sich im Internet heute auch eine erhebliche Beschränkung dieser Informationen zu organisieren beginnt. Die Anfangstage des Internets waren durch eine immense Informationsoffenheit gekennzeichnet, ein bislang ungewohnter Zugang zu allen nur erdenklichen Informationen wurde eröffnet; heute allerdings setzt eine Gegenbewegung ein: Zwar ist theoretisch die Informationsvielfalt nach wie vor vorhanden, doch werden die Blicke der Internetnutzer gelenkt – und diese haben zumeist keine Ahnung davon.

Engstirnigkeit in den Weiten des Internets

Diese Entmündigung im Internet nennt der Netzaktivist Eli Pariser (2011) »Filter Bubble« (»Filterblase«). Alle möglichen Unternehmen arbeiten im Internet heute mit dem Werkzeug der Personalisierung und offerieren so nicht mehr nur ein Informationsangebot für die breite Masse, sondern jedem

Einzelnen das Seine: Algorithmen filtern Informationen und setzen dann eben die Werbung vor, die am besten zu uns passt, und präsentieren jene Informationen, die uns am ehesten interessieren dürften. So sind etwa keine zwei *Google*-Trefferlisten identisch, weil die Suchmaschine die Ergebnisse einer Suche jeweils individuell maßschneidert: Anhand verschiedener Signale, die der vermeintlich anonyme Internetnutzer aussendet, wie etwa verwendeter Computer, eingestellte Sprache, Browser, Suchhistorie oder Aufenthaltsort, meint *Google* zu wissen, wonach jemand exakt sucht. Und dabei bedient sich die Suchmaschine auch unseres persönlichen Netzwerks und nutzt zur Personalisierung der Suchergebnisse auch Begriffe, die »Freunde« im sozialen Netzwerk *Google Plus* erwähnt haben. Pariser berichtet von zwei Freunden, die er auf *Google* nach »BP« suchen ließ: Einmal wurden Informationen zu Investitionsmöglichkeiten von British Petroleum angezeigt, das andere Mal lieferte *Google* Nachrichten zur Ölkatastrophe im Golf von Mexiko. Diese komplett unterschiedlichen Suchergebnisse sind Ergebnis des sich für *Google* verschiedenartig präsentierenden Datenprofils der beiden Suchenden. Auch das soziale Netzwerk *Facebook* trifft eine Vorauswahl dessen, in welche Informationswelt wir eintauchen: Der Feed des sozialen Netzwerks zeigt nur Nachrichten jener Personen, mit denen wir regelmäßig interagieren; der Rest wird automatisch aussortiert. So beobachtet etwa Eli Pariser selbst, dass er Meldungen seiner politisch eher konservativ eingestellten Freunde nicht mehr zu Gesicht bekommt, da er selbst eher liberale Anschauungen vertritt und *Facebook* unter anderem auch nach der Passung der Interessen sortiert. Auch Yahoo! News und andere Nachrichtenportale filtern Nachrichten je nach der vermeintlichen Interessenslage des Nutzers vor.

Und je stärker sich durch Anwendungen der Augmented Reality On- und Offline-Welten miteinander verbinden, dringt die Filterung von Informationen auch in das »echte« Leben vor: In der erweiterten Realität, in der die gesamte Wirklichkeit mit einer Schicht computergenerierter Daten überlagert wird, um Menschen dabei zu helfen, sich in ihrer Umgebung zurechtzufinden, läuft dann buchstäblich jeder durch eine andere Wirklichkeit. Smartphones ermitteln heute schon Standort und Blickrichtung des Nutzers, woraufhin Software wie Wikitude oder Layar passende Informationen aus dem Internet suchen und sie in das durch die Kamera des Smartphones angezeigte Bild der Umgebung einbauen. Auf dem Display des Smartphones verschmelzen Ort und Daten. *Google* hat mit seinem Project Glass bereits eine Datenbrille zur Marktreife geführt, die sogar permanent Informationen in unser Gesichtsfeld projiziert und dadurch die Wahrnehmung personalisiert. Informationen werden in das reale Leben transportiert und dort angezeigt, wo sie relevant sind – und zwar jedem nach seinen individuellen Bedürfnissen und Wünschen. Das Internet wird zum Outernet: Nicht nur legt sich das Internet wie eine zusätzliche Schicht über unsere Umwelt, auch übertragen sich sämtliche aus dem Internet bekannte Funktionalitäten – Verlinkung, Suchfunktion, Interaktion und eben auch Personalisierung – auf physische Objekte. So könnte dann – wie dies heute im virtuellen Raum gang und gäbe ist – personalisierte Werbung auch auf Plakatflächen aufgespielt werden. Eine von IBM entwickelte Smartphone-App dient als Suchmaschine für Produkte während des Supermarkteinkaufs: Schwenkt der Nutzer mit dem Smartphone über die Regale, werden nicht nur personalisierte Produkthinweise, Empfehlungen und Sonderangebote auf dem Display angezeigt, auch trifft die App je nach Einkaufsprofil des Nutzers eine passende Vorauswahl der Produkte und liefert relevante Informationen gleich mit. Wird künftig ein Supermarkt für zwei Personen noch identisch aussehen? Aber auch die Homogenisierung von sozialen Kontakten droht: Ortsbasierte Social-Networking-Apps wie Highlight, Glancee und Sonar versprechen Leute ausfindig zu machen, die die »gleiche Sprache sprechen«. Über GPS behält die App die Position des Nutzers im Auge und sobald sich Nutzer mit Gemeinsamkeiten wie etwa Hobbys, berufliche Tätigkeit, besuchte Schule oder Universität in der Umgebung aufhalten, schlägt die App Alarm.

Mit ihren Filtern schaffen *Google*, *Facebook* & Co. für jeden Einzelnen ein individuelles Universum an Informationen und bestimmen damit auf fundamentale Weise, mit welchen Informationen und Ideen Menschen konfrontiert werden. Was man vorgesetzt bekommt, hängt davon ab, wer man ist, was man tut, welche Interessen man hat, wen man kennt und noch viele weitere persönliche Details. Abweichenden Standpunkten ist man dann kaum noch ausgesetzt, Filterblasen fungieren als Scheuklappen, die einem nur das vor Augen führen, was mit der eigenen Meinung übereinstimmt. Hat man noch die Chance, durch Zufall Neues und Unbekanntes zu entdecken? Natürlich war es immer schon so, dass man sich vorrangig im Umkreis seiner eigenen Präferenzen bewegte: Die meisten bevorzugen Tageszeitungen, deren Leitartikel mit der eigenen Meinung im Großen und Ganzen gut verträglich sind, man trifft sich mit Menschen, die ähnliche Interessen haben, und kauft Produkte, die sich auch in der Vergangenheit schon gut bewährten. Der Mensch ist ein Gewohnheitstier – und wird dies auch im digitalen Zeitalter bleiben. Der große Unterschied ist jedoch, dass im personalisierten Netz die Filterung im Dunkeln vonstatten geht und kein Nutzer weiß, wie sie funktioniert.

Niemand entscheidet für sich selbst, was in sein persönliches Informationsuniversum aufgenommen wird, und noch wichtiger: Niemand weiß, welche Informationen nicht aufgenommen werden. Das Unbekannte gerät völlig außer Reichweite: Am Zeitungskiosk liegen all die Tageszeitungen, die wir nicht wählen, offen zutage; *Google* jedoch verrät nicht, was die Suchmaschine vorenthält. Was zunächst nach Nutzerfreundlichkeit klingt, ist eine folgenreiche Beschränkung des Sichtfelds.

Personalisierung ist heute ein überaus notwendiges Werkzeug, um der Informationsflut Herr zu werden. Seitdem das Internet zum Mitmach-Web wurde, beschränkende Zwischeninstanzen wegfielen und jeder Nutzer immer auch Produzent ist, wurde es immer schwieriger und zeitaufwendiger, aus der Überfülle an Informationen das Nützliche herauszuziehen. Es führt gar kein Weg daran vorbei: Auf die eine oder andere Art muss gefiltert werden. Anders ist die immer größer werdende Welle an Neuigkeiten, die täglich über uns hereinbricht, kaum noch zu bewältigen. Aber es stellt sich die Frage, ob wir das Werkzeug der Personalisierung benutzen oder das Werkzeug uns. Nur wer die Hintergründe gut genug versteht, kann aus der Filterblase ausreißen und sich einen ganzheitlichen Blick auf die Dinge bewahren. Und oft genug ist es ja tatsächlich bequem und zeitsparend, personalisierte Suchergebnisse zu erhalten. Ein Golfspieler, der auf der Suche nach dem nächstgelegenen Golfplatz ist, möchte beim Suchbegriff »Golf« keine Informationen zu Autos angezeigt bekommen. Wer wird bestreiten, dass es zunächst zwar unglaublich bequem ist, sich mit Altbekanntem zu umgeben? Aber verpasst man dadurch nicht auch einiges? Das Neue ist stets anstrengender als das Gewohnte. Sich den eigenen Ansichten auszusetzen bereitet weniger Mühe als sich mit konträren Meinungen auseinanderzusetzen. Ist es nicht fast zwangsläufig, dass sich dann ein Großteil der Menschen in ihre Filterblase zurückzieht und die Wirklichkeit nur noch vorsortiert zur Kenntnis nimmt? Werden wir die wohlige Gemütlichkeit unserer Filterblase der variantenreichen, widersprüchlichen Wirklichkeit vorziehen? Auch Truman Burbank würde seine »vollkommene«, vorhersehbare, abgeriegelte Welt der rauen Wirklichkeit vorziehen, ist sich Produzent Christof sicher: »Er könnte jederzeit gehen. Wenn seine Absichten nicht so halbherzig wären, wenn er wirklich im Innersten entschlossen wäre, die Wahrheit herauszufinden, könnten wir das unmöglich verhindern.«

Zunächst aber ist die Frage: Ist es überhaupt möglich, den Datensammlern ausreichend in die Karten zu schauen, um zur Gänze zu verstehen, wie unsere Wahrnehmung strukturiert wird und wann Personalisierung die

Grenze zur Manipulation überschreitet? Eben dazu ist eine kritische Distanz nötig, um die Wahrnehmung zu schärfen statt durch sie in die Irre geführt zu werden. Und diese Distanz kann es nur geben, wenn die Filtermethoden transparent sind. Es muss offenliegen, wie sie funktionieren, welche Parameter einfließen und welche Kontrolle der Einzelne über sie hat. Und immer muss ein Filter gewährleisten, ihn auf Wunsch auch ausschalten zu können, sodass die Nutzer die Welt auch ungefiltert wahrnehmen können. Dies gilt umso mehr, als sich für immer mehr Menschen gerade *Google* und *Facebook* als Zugangsportale zu allen erdenklichen Arten von Information herausstellen. Daher kommen auch immer mehr gesellschaftlich relevante Entscheidungen auf Basis der von diesen »Informationsbrokern« zur Verfügung gestellten Informationen zustande. Die Algorithmen zu durchschauen wird also unerlässlich, will man Entscheidungen treffen, die die ganze Wirklichkeit im Blickwinkel haben und im Interesse der gesamten Gesellschaft sind.

Die »Filter Bubble« stellt somit gewissermaßen die Informationsfreiheit im Netz infrage. Die Hoheit über die dort versammelten Informationen reißen einige wenige Unternehmen an sich, indem sie für sich in Anspruch nehmen, mit ihren Algorithmen den öffentlichen Raum vorzusortieren, der dadurch zerstückelt und für den Einzelnen in seiner Gänze intransparent wird. Der für ein funktionierendes Gemeinwesen so wichtige Austausch wird erschwert, wenn sich nur noch insulare Individuen gegenüberstehen und Informationen nicht mehr frei fließen. Ein gemeinsames Verständnis von Sachverhalten ist kaum noch möglich, wenn jeder nur Zugang zu einem Ausschnitt der Wirklichkeit erhält. Ist jeder Einzelne in einer selbstreferenziellen Echokammer gefangen, in einer Umgebung der Zustimmung, in der Meinungen sich nicht polarisieren, entsteht ein trügerisches Bild des gesellschaftlichen Konsenses. Aber ist nicht ein gesellschaftlich konstruktiver Diskurs und überhaupt jeder schöpferische Prozess erst dann möglich, wenn Individuen eine Beziehung zueinander aufnehmen können, wenn zufällige Begegnungen stattfinden, wenn wir unterschiedliche Standpunkte sehen und verstehen lernen, wenn Ideen und Meinungen aufeinanderprallen und auch einmal in Konflikt miteinander geraten? Droht nicht die totale Lähmung des politischen Prozesses, wenn stattdessen unser Blick nur noch von unserer höchst individuellen Informationsumgebung gebannt wird und ein umfassendes Bild der Welt und der Wirklichkeit verlorengeht?

Am virtuellen Stammtisch

Ist es nicht so, dass durch Kollaboration, die Auseinandersetzung mit verschiedenen Standpunkten, informationelle Austauschprozesse und das Aggregieren verstreuter Informationen eine größere Chance besteht, dass vernünftige Entscheidungen getroffen werden? Oder anders gesagt: Ist nicht das in deliberativen Gruppen erzeugte Wissen mehr als die Summe des Wissens der einzelnen Personen in diesen Gruppen? Den Großteil unseres Wissens haben wir durch die Interaktion mit anderen Menschen angehäuft. Umgeben wir uns nur mit Menschen, die unsere Ansichten ohnehin schon teilen, dann ist eine immer weitere Festigung der schon vorhandenen Meinungen die unausweichliche Folge. Das kann dazu führen, dass regelrecht Festungen aufgebaut werden: Wer mit uns übereinstimmt, ist unser Freund, wer nicht übereinstimmt, ist böse oder dumm. Gerade in der Politik sind solche Polarisierungen nicht selten zu beobachten. Experimentell konnte nachgewiesen werden, dass sich politische Anschauungen tatsächlich immer weiter verfestigen, je mehr man sich lediglich mit Gleichgesinnten austauscht; gleichzeitig steigt der Konsens innerhalb der Gruppe, während sich zwischen den Gruppen ein dramatischer Graben auftut. (vgl. Schkade et al. 2006) Dieses Phänomen ist es auch, das nach Ansicht des Politikwissenschaftlers Russell Hardin (2002) politischem Extremismus zugrunde liegt. Weil extremistische Gruppen sich nach außen hin komplett abschotten, sind die einzelnen Gruppenmitglieder nur einer äußerst begrenzten Auswahl an Informationsquellen ausgesetzt, welche allesamt ihre extremistische Sichtweise unterstützen. Sie leben in selbstverstärkenden Informationskokons, die zu ganz und gar unbegründeten, dennoch aufs Schärfste verteidigten Anschauungen führen.

Mit den immer exakter zutreffenden Personalisierungen reduziert uns das Internet auf einige berechenbare Aspekte und webt sodann einen immer dichteren Informationskokon, der dazu beiträgt, dass wir uns einrichten in einer Welt der Zustimmung und Bestärkung. In Foren, sozialen Netzwerken und wo auch immer im Internet heute Kommunikation stattfindet lässt sich leicht beobachten, dass die Stammtischparole ein einfacheres Leben hat als das ernsthafte Argument. Angesichts der prinzipiellen Weite und Vielfalt des Internets ist es nicht eben intuitiv zu konstatieren: Anstatt uns einer Myriade von verschiedenen Meinungen und unerwarteten Standpunkten auszusetzen, trägt das Internet heute dazu bei, Extremismus und Engstirnigkeit zu verbreiten.

Diese Tendenz hat auch damit zu tun, dass der Einfluss von Zwischeninstanzen, die auf das Allgemeininteresse gerichtet sind, zurückgeht. Weil das Internet hoch spezialisierte Nischen zulässt, die jedem Interesse ein entsprechendes Angebot präsentieren, gilt im virtuellen Raum wie nirgendwo sonst: Jedem Tierchen sein Pläsierchen. Zufallsfunde, wie sie sich etwa beim Durchblättern einer Zeitung oder beim Zappen beim Fernsehen ergeben, werden weniger wahrscheinlich. Denn Online-Magazine bieten einen nach dem persönlichen Gusto maßgeschneiderten Zugang und Fernsehen erlaubt zunehmend die Zusammenstellung des eigenen Programms unabhängig von festen Sendezeiten. In der Internetkultur sehen wir zunehmend nur das, was uns bereits interessiert, die Konfrontation mit anderen Themen wird vorsorglich ausgeschaltet. In der digitalen Welt erfährt die Gesellschaft eine zunehmende Fragmentierung in soziale Subsysteme, die immer weniger interagieren. Im Endeffekt begeben wir uns dadurch in eine intellektuelle Isolation und berauben uns der Möglichkeiten wahrer demokratischer Auseinandersetzung. Hyperspezialisierung und Personalisierung des Internets tragen dazu bei, dass die Agora abhanden kommt und mit ihr die Gelegenheiten zur Herausbildung einer gemeinsamen Identität, gemeinsamer Erfahrungen und einer gemeinsamen Plattform, auf der sich Gesellschaft bilden und formen kann. Der Zusammenhalt der Gesellschaft wird ganz wesentlich gesichert durch gemeinsame Geschichten, gemeinsame Bilder und Visionen. Seit jeher kam den Massenmedien die gesellschaftliche Rolle zu, solche gemeinsamen und allgemein akzeptierten Bezüge herzustellen, die letztlich Basis für gemeinsame Werte sind.

Wie können sich der Einzelne und die Gesellschaft als Ganzes weiterentwickeln, wird jegliche Serendipität, also jene Zufallsfunde, mit denen wir sogar unseren eigenen, tief in unser Innerstes eingeschriebenen Filtermechanismen ein Schnippchen schlagen, systematisch ausgeschaltet und ausschließlich ein Wandeln auf bekanntem Terrain ermöglicht? Wie können fundierte Entscheidungen getroffen werden, erhält man jeweils nur einen von Algorithmen bestimmten Ausschnitt der Informationsvielfalt serviert? Besteht nicht Grund zur Sorge, dass die Entscheidung, was gesellschaftlich relevant und öffentlich sein soll, den Geschäftsinteressen von *Google*, *Facebook* & Co. überlassen wird? Die stets ausgeklügelter werdende Vorsortierung im Netz kündigt einen Paradigmenwechsel an: Wurde das Internet einst als demokratisches Medium par excellence verstanden, so besteht heute die Gefahr der Entmündigung und Manipulation im Netz. Als Medium, das Zugang zu allen Informationen dieser Welt schafft, hat das Internet Macht von den großen Medienhäusern zu den einzelnen Nutzern umverteilt. In Wahrheit aber drängt sich der Verdacht auf, dass die Nutzer die Macht wieder abgeben – an die Handvoll großer Vorsortierer des Internets. Und damit zerfallen die Weiten des Internets in Kommunikationsinseln und entziehen der Demokratie ihren Nährboden, den Raum für Interaktion und geteilte Erfahrung.

4.3 Leben in der paternalistischen Welt

Der Weg zur totalen Informatisierung unserer Welt wird zumeist unter einem positiven Vorzeichen gesehen, geht es doch um nichts Geringeres als die Erfüllung lang gehegter Menschheitsträume. So soll die Allgegenwart der Datenverarbeitung etwa zu einer Erweiterung und Schärfung der menschlichen Sinne führen, damit der Mensch besser imstande ist, seine Umgebung wahrzunehmen. Zum einen werden die Sinne durch Technik quasi vom Körper losgelöst, wodurch weit entfernte Ereignisse wahrgenommen werden können. Und zum anderen fällt die Beschränkung auf die menschlichen Sinnesorgane weg; wahrgenommen werden kann mit Hilfe der technischen Unterstützung auch, wofür der Mensch gar keine Sinnesorgane hat. Durch diese Sinneserweiterungen soll es möglich werden, Situationen besser einzuschätzen oder sogar vorauszusagen und dann dementsprechend sein Verhalten anzupassen. Sensoren, Mikrofone und Kameras, die in Alltagsgegenstände integriert sind, machen die optimierte Wahrnehmung möglich. Sie »ergänzen« die Sinne des Menschen, indem sie kontextbezogen zusätzliche Informationen liefern. So setzen Fahrerassistenzsysteme etwa die verschiedensten Arten von Umfeldsensorik ein, um den Fahrer zu entlasten: Kritische Situationen sollen erst gar nicht entstehen oder zumindest erhält der Fahrer Unterstützung bei deren Bewältigung. Radarsensoren überwachen andauernd den Abstand zum vorausfahrenden Fahrzeug, warnen bei Unterschreitung eines Mindestabstands und bremsen sogar selbsttätig ab, falls der Fahrer nicht reagiert. Ultraschallsensoren zeigen an, was im »toten Winkel« passiert, und geben ein Signal, falls sich andere Verkehrsteilnehmer in der Gefahrenzone nahe am Fahrzeug befinden. Optische Systeme überwachen kontinuierlich die Position des Fahrzeugs in der Spur und warnen den Fahrer, sobald das Fahrzeug die Spur zu verlassen droht. Des Weiteren wird durch die Anwendung von Sensoren oder Rückfahrkameras das Einparken erleichtert. Technologie führt bei all diesen Anwendungsfällen eine zusätzliche Informationsschicht ein, die die Umwelt überschaubarer macht: Der Mensch ist nicht länger damit befasst, Gefahren direkt wahrzunehmen, sondern kann sich alleinig auf die Überwachung der Sensorsignale beschränken.

Zudem soll durch den Einsatz von Telematiksystemen die Nutzung der vorhandenen Straßenverkehrsinfrastruktur optimiert werden, indem Verkehrsteilnehmer umfassend, aktuell und leicht zugänglich über das relevante Verkehrsgeschehen informiert werden und der Verkehr gezielt und dynamisch gesteuert und verlagert wird. Der Fahrer wird dann etwa über Verkehrsstörungen und Ausweichrouten informiert. Auch die Kommunikation zwischen Fahrzeugen sowie zwischen Fahrzeugen und Infrastruktur wird bald keine Zukunftsmusik mehr sein. (vgl. Roßnagel 2007: 13 ff.) All diese Techniken erweitern die Wahrnehmung des Menschen und führen dadurch Vorteile für ihn höchstpersönlich als auch für das gesellschaftliche System, in dem er sich bewegt, als Ganzes herbei.

Neben einer Erweiterung der Sinne wird auch das Gedächtnis technisch erweitert, wenn Gegenstände sich künftig erinnern können. Zu jedem Alltagsobjekt wird jeweils ein informationelles Pendant im Internet existieren. Als »Gegenstandsgedächtnis« wird es objektspezifische Daten speichern, mit denen es teils von seinen Entwicklern gefüttert wurde, die teils aber auch selbständig mittels Sensoren erhoben wurden und für zukünftige Zwecke bereitstehen. (vgl. Mattern 2003: 27) So entsteht eine lückenlose Aufzeichnung der jeweiligen »Erlebnisse« und »Erfahrungen« von Dingen: Schlaue Reisetaschen werden sich an besuchte Orte erinnern, Klimaanlagen werden die bevorzugten Temperaturen kennen und Autos werden Sitz und Rückspiegel angepasst an die jeweiligen Erfordernisse verschiedener Fahrer einstellen. Dadurch erhalten Objekte die Fähigkeit, einen Blick von außen auf sich selbst zu werfen, und können somit dem Nutzer Informationen über sich geben, wie zum Beispiel kontextspezifische Gebrauchshinweise oder das Verfallsdatum von Lebensmitteln und Medikamenten. Und sollte das individuell angelegte Objektgedächtnis in einem bestimmten Fall einmal nicht ausreichen, so kann das Objekt ins Internet ausschwärmen und dort recherchieren oder mit anderen Dingen in Kontakt treten und deren Gedächtnis anzapfen. Für den Menschen bedeutet dieser Zugriff auf potenziell sämtliche Datensammlungen der Welt das lückenlose Gedächtnis – nichts kann jemals mehr vergessen werden. (vgl. Roßnagel 2007: 15 f.)

Auch die Steigerung der Effizienz von Arbeit wird von der Allgegenwart der Datenverarbeitung erhofft. Die in den Hintergrund tretende Technik stellt ein Heer von kleinen, unsichtbaren Helfern, die in jeder Lage just die gewünschte Aktion zeigen. Routineaufgaben werden an Techniksysteme ausgelagert, die sodann unbemerkt die notwendigen Maßnahmen ergreifen, den Fortgang überwachen, bei Bedarf gegen- oder nachsteuern und den Erfolg dem Nutzer kommunizieren. Weil die Dinge sich selbst organisieren und kontextspezifisch agieren, erhält der Mensch neue Freiräume. Dann muss das

Licht bei Dämmerung nicht mehr selbst angeschaltet werden, die Scheibenwischer beginnen ihren Dienst bei den ersten fallenden Regentropfen selbst zu verrichten und die Produktionsanlage passt ihren Ausstoß selbsttätig an Ressourcenengpässe an.

Schließlich verspricht die allgegenwärtige Datenverarbeitung eine Erhöhung der Sicherheit, etwa – wie oben schon angesprochen – durch Fahrerassistenzsysteme und Verkehrstelematik im Straßenverkehr oder durch medizinische Überwachungssysteme, die körperliche Funktionen messen und Warnsignale abgeben.

Schlaue Dinge stellen die Weichen für menschliches Handeln

Immer mehr wird Technik überall sein, eng verwoben mit unserem Leben, auf dem Weg zu einer stets intelligenteren Umwelt. Schlaue Häuser, schlaue Autos, schlaue Kleidung – alles wird schlau sein und uns unsere Träume erfüllen, die in noch nicht allzu ferner Vergangenheit eher dem Reich der Science-Fiction zuzurechnen gewesen wären. Mehr Bequemlichkeit, mehr Sicherheit, mehr Effizienz, einfachere Prozesse und geringere Kosten – der Fokus auf die vielen Vorteile scheint heute nur allzu oft den Blick auf die Risiken der fortschreitenden Durchdringung des Lebens mit Technik zu vernebeln. Die täglich erlebten konkreten Vorteile werden höher eingestuft als die abstrakten Risiken. Allenfalls der Aspekt der Überwachung und die damit einhergehende Einschränkung von Privatsphäre werden als Wermutstropfen einer schönen neuen Welt allgegenwärtiger Computersysteme ausgemacht. Niemals werden die im Hintergrund arbeitenden Systeme mit einer eventuellen Einschränkung von Freiheit in Zusammenhang gebracht, ganz im Gegenteil werden sie eher als deren Bewahrer und Förderer wahrgenommen. Wenn wir uns mehr und mehr mit autonom agierenden Gegenständen umgeben, besteht dann aber nicht in der auf uns zukommenden Bevormundung und Entmündigung ein Risiko? Wenn Informationsangebote und physische Gegenstände immer stärker auf die Bedürfnisse und Wünsche von Menschen eingehen sollen, dann besteht eben auch die Gefahr, dass Systeme diese nicht richtig interpretieren und »eigenwillig« agieren. Der eigentliche Zweck, unsere Umgebung besser zu beherrschen und steuern zu können, kehrt sich dann in sein Gegenteil und Menschen sind dem »Willen« der jeweiligen Systeme unterworfen. Wer ist Diener und wer ist Herr, wenn im voll elektronisierten Auto der Signalton der Anschnallerinnerung partout nicht abzustellen ist, es sei denn, ich schnalle mich an, oder wenn der Autoschlüssel seinen Dienst erst nach negativ absolviertem Alkoholtest tut? Und unsere Anschaffungen bevormunden uns sogar dort, wo Sicherheit nicht auf dem Spiel steht: Die Espressomaschine bereitet den Kaffee erst nach erfolgter Reinigung zu und im automatisierten Bürogebäude lässt sich das Fenster nicht nach eigenen Wünschen öffnen. Die Liste der Beispiele »intelligenter« Alltagsdinge, die nur unser Bestes wollen und daher bestimmte Optionen anbieten und andere ausblenden, ließe sich leicht fortsetzen. Technik vollstreckt eigenständig Maßnahmen und reguliert so unser Verhalten. Mit der Durchdringung von Technik und datenmäßigen Abbildung unserer Welt kehrt auch ein moderner Paternalismus ein: Systeme, Geräte und Webanwendungen wie etwa Suchmaschinen oder soziale Netzwerke greifen ungefragt und unaufgefordert, gegen unseren Willen oder ohne dass wir davon überhaupt erfahren, in Handlungen ein, weil sie uns Gutes tun oder vor Schaden schützen wollen. Technik hat ein immenses Potenzial, den Menschen seiner Kontrolle zu berauben. Dies passiert etwa dann, wenn smarte Objekte nicht den Wünschen und Intentionen ihrer Nutzer entsprechen, weil die Objekte etwa doch nicht ganz so schlau sind und inkorrekte Annahmen treffen über den Nutzer, seine Aktionen oder die Situation, in der er steckt. Aber selbst wenn ein smartes Objekt exakt das tut, was man will, kann dies dennoch als Kontrollverlust erlebt werden: Weil von außen vorgegeben wird, wie man sich zu verhalten hat, oder weil bestimmten Handlungen ganz spezifische Bedeutungen zugeschrieben werden, die so nicht gewollt waren, oder weil in Einzelfällen Korrekturmaßnahmen nötig sind, will man ausnahmsweise vom angesteuerten Kurs des Objekts abweichen. Hierbei hätte man es dann mit dem Paradox zu tun, dass Computertechnologie immer unauffälliger und zurückhaltender wird, weil sie in immer mehr Alltagsdinge eingebettet autonom agiert, für die Psyche des Menschen jedoch immer aufdringlicher wird. Kontrolle verliert der Nutzer aber auch, wenn das das Verhalten der Technik steuernde Nutzerprofil eben nicht nur die Wünsche, Interessen und Präferenzen des Nutzers spiegelt, sondern auch diejenigen eines Dritten, wie etwa eines Unternehmens. In diesem Fall wäre denkbar, dass kommerzielle Interessen über das smarte Objekt als Medium dem Nutzer aufgedrängt werden. Ist der elektrischen Zahnbürste, die an das Auswechseln des Bürstenkopfs erinnert, wirklich nur am Wohl des Nutzers gelegen oder will sie – oder vielmehr das dahinterstehende Unternehmen – nicht auch den Umsatz von Bürstenköpfen ankurbeln? Eng mit diesem Szenario verbunden ist auch ein Verlust an Kontrolle, der dadurch entsteht, dass smarte Objekte von einem Dritten benutzt werden, um Daten über den Nutzer einzusammeln oder um diesen zu überwachen. Die auf diesem Weg gesammelten Daten über Verhaltensweisen, Präferenzen, soziale Interaktionen und

Erfahrungen könnten dann eingesetzt werden, um Kontrolle über die betreffende Person auszuüben. Auch hier sind wieder Fälle denkbar, in denen Unternehmen die gesammelten Informationen nutzen, um den Kunden in ganz bestimmte, kommerziell einträgliche Bahnen zu steuern. (vgl. Brey 2006) Bei aller Bequemlichkeit, die die autonom agierenden Systeme zeitigen, stellt sich angesichts solch umfangreicher Möglichkeiten des Kontrollverlusts an die Technik doch die Frage: Sollten Menschen letztlich nicht immer die Möglichkeit besitzen, das letzte Wort zu sprechen, sich über »Entscheidungen« der Maschine hinwegzusetzen? Und wer entscheidet, welches Verhalten angebracht, welches Verhalten richtig ist und welches falsch?

Welche Möglichkeiten der Einflussnahme die durchinformatisierte Welt eröffnet, zeigt sich etwa dort, wo die öffentliche Infrastruktur immer mehr auf informationstechnischen Anwendungen beruht. So lässt beispielsweise der Einsatz intelligenter Stromzähler neben der Energie- eine Informationsinfrastruktur entstehen, die einiges über unsere Lebensführung aussagt. Auch wenn solche Informationen auf den ersten Blick harmlos erscheinen, so sind sie das in den falschen Händen keineswegs mehr. Und stellt man sich dann noch vor, dass diese Stromdaten mit Daten aus anderen Quellen vereinigt werden, ergeben sich ungeahnte Potenziale für das Data Mining. Nicht nur wohnt Informationen zum Energieverbrauch ein hoher kommerzieller Wert inne, auch können sie leicht Anknüpfungspunkt für Manipulationen werden. Schon das automatisch programmierte Einschalten von Geräten zu Zeiten, zu denen der Strom am günstigsten ist, werden viele Menschen als Bevormundung betrachten. Darüber hinaus geben die Verbrauchsdaten der Stromkunden dem Versorgungsunternehmen alle Mittel in die Hand, Kunden in eine gewünschte Richtung zu »schubsen«, indem eine geringere Stromrechnung in Aussicht gestellt wird. Freilich verbirgt sich hinter dieser Vorgehensweise ein handfestes Interesse der Energielieferanten: Für diese nämlich ist es vorteilhaft, wenn der Stromverbrauch möglichst gleichmäßig erfolgt. In diesem Fall müssen sie dann nicht für teure Spitzenverbrauchszeiten vorsorgen.

Technik zwingt zu »vernünftigem« Verhalten

Der Ökonom Richard H. Thaler und der Jurist Cass Sunstein (2008) haben beschrieben, wie durch simple Anreize und die spezifische Darbietung von Wahloptionen Menschen zu einem »erwünschten« Verhalten zu bewegen sind. Mit dem Begriff »Nudge«, der mit »Stups« oder »Schubs« ins Deutsche übersetzt werden kann, fassen sie ihr Konzept eines libertären Paternalismus anschaulich in einem Wort zusammen. Dabei soll ein Ausgleich herbeigeführt werden zwischen einer Verhaltensmanipulation durch öffentliche und private Institutionen einerseits und der individuellen Entscheidungsfreiheit andererseits. Mit dem kleinen wohlwollenden Schubs gelingt das scheinbar Unmögliche: den Gegensatz zwischen Freiheit und Bevormundung, zwischen eigenem Wollen und Manipulation auszuhebeln. Libertäre Paternalisten können Verhalten beeinflussen, während sie die Wahlfreiheit aufrechterhalten. Thaler und Sunstein zeigen die Macht dieses Konzepts in ihrem Buch anhand einer Unmenge von Beispielen: Durch die herausgehobene Platzierung in Kantinen könne der Konsum gesunden Essens gefördert werden und Unterschiede in der Vorauswahl beeinflussen die Bereitschaft zur Organspende. Wie die intelligenten Stromzähler zeigen, gibt die heutige Informationsinfrastruktur einfache Gelegenheiten dafür, durch die spezifische Ausgestaltung der Entscheidungsarchitektur solch kleine Schubse in die »richtige« Richtung auszuführen. Dabei sieht das Konzept des libertären Paternalismus vor, dass die Verführung zum Guten immer auch im Interesse des Verführten liegen soll. Für den Rechtsprofessor Gregory Mitchell (2005) steht hingegen fest, dass ein libertärer Paternalismus ein Oxymoron ist: Weil die Bewertung von Bedürfnissen rein subjektiv ist, sei es für Dritte völlig unmöglich, über den individuellen Nutzen von anderen zu urteilen.

Wird beim »Nudge«-Konzept lediglich die Entscheidungsarchitektur beeinflusst, während jegliche Wahlfreiheit erhalten bleibt, so haben wir es in unserem täglichen Leben aber auch mehr und mehr mit Technologie zu tun, die uns ganz direkt vorschreibt, was wir zu tun und zu lassen haben. Autos melden sich lautstark, sobald wir uns nicht anschnallen oder zu schnell fahren, Computer erinnern uns regelmäßig daran, die Software zu aktualisieren, und das Textverarbeitungsprogramm bewegt uns dazu, Rechtschreibfehler zu korrigieren. Der Autohersteller *Honda* geht mit seinem Hybridmodell *Insight* völlig neue Wege, Fahrer zu einem umweltfreundlichen Fahrstil zu veranlassen: Ein Display am Armaturenbrett zeigt bei besonders ökologischem Fahren ein wachsendes Pflänzchen und schließlich eine Blüte. Treibt der Fahrer hingegen durch abruptes Beschleunigen und Bremsen den Treibstoffverbrauch nach oben, beginnen die Blätter zu welken. Technologie tritt nicht als neutrales Werkzeug auf, sondern steht im Dienst bestimmter Ziele wie Sicherheit, Umweltschutz und dergleichen. Im kommerziellen Bereich eingesetzt, können diese Technologien dann auch dazu verwendet werden, jemanden zum Einkauf zu animieren. Die Webseite des Versandhändlers *Amazon* beispielsweise ist ein wahrer Überredungskünstler! Der noch recht junge Forschungszweig der »Persuasive Technologies« setzt sich mit Technologien auseinander, die mit der Absicht entworfen wurden, im Rahmen von Mensch-Maschine-Interaktionen gezielt die Überzeugungen und/oder Verhaltensweisen der Nutzer zu ändern. (vgl. Fogg 2003: 359) Dabei geht es darum herauszufinden, wie interaktive Erlebnisse geschaffen werden können, die Menschen dazu bringen, anders zu denken und anders zu handeln. Ebenso wie bei der Idee des libertären Paternalismus gründen persuasive Technologien auf der Überzeugung, dass sich Menschen nicht immer »vernünftig« verhalten und daher Unterstützung benötigen, um das »Richtige« oder »Wünschenswerte« zu tun.

Persuasive Technologien spielen oftmals eine Rolle, wo es um einen Ausgleich von individuellen Interessen und gesellschaftlichen Werten geht. Nachhaltigkeit ist ein Beispiel dafür: Obwohl jeder Einzelne zustimmen würde, dass ein sparsamerer Energieverbrauch für das nachhaltige Bestehen der Gesellschaft wichtig wäre, steht das individuelle Verhalten dem oft entgegen. Persuasive Technologien im Bereich der Treibstoffversorgung von Autos könnten einen Beitrag zum Ausgleich dieses Interessenskonflikts leisten, weil die (halb)automatische Regelung von Beschleunigung und Bremsen erheblich zur Einsparung von Treibstoff beiträgt. Allerdings bedeutet dies das Abtreten von Kontrolle vom Fahrer auf die Technik. Unter welchen Umständen wären Menschen bereit, dies zu tun? Und auf welche Weisen könnte Technologie dies erreichen? Nun mag es sein, dass beim Steuern ihres Autos noch viele Menschen anstandslos Kontrolle abgeben – immerhin kommt es durch den geringeren Treibstoffverbrauch auch ihrem eigenen Geldbeutel zugute –, aber wie würde dies in privateren, sensibleren Bereichen aussehen? Und wie bereitwillig würden Menschen Kontrolle über Technik abgeben, würden sie nicht finanziell oder sonst wie davon profitieren?

Obwohl persuasive Technologien definitionsgemäß den Nutzer bloß überzeugen und überreden sollen, keineswegs Zwang ausüben oder manipulieren dürfen, so steht doch die Frage im Raum, wo die äußerst enge Grenze zwischen Überzeugung und Manipulation zu ziehen ist. Problematisch sind solche Technologien schon deshalb, weil sie kommunikatorisch betrachtet als Einbahnstraßen konzipiert sind: Versucht ein Mensch einen anderen zu überzeugen oder zu überreden, dann ist es immer auch möglich, gleichzeitig die eigenen Überzeugungen in die Waagschale zu werfen; jeder Part kann den anderen zu überzeugen versuchen. Bei der Mensch-Maschine-Kommunikation ist es hingegen kaum oder gar nicht möglich, Einfluss zu nehmen. Probleme treten auch dort auf, wo die Technik nicht verständlich oder wahrheitsgemäß agiert. Im Sinne des Benutzers ist es auch kaum, wenn er nicht darauf vertrauen kann, dass die Überzeugungstätigkeit der Maschine tatsächlich in seinem Interesse und ein angemessenes Mittel zur Verhaltensänderung ist. (vgl. Spahn 2011) Man kann sich leicht vorstellen, wie frustrierend beispielsweise die diversen Unterstützungsfunktionen im Auto werden können, erfüllen sie diese Anforderungen nicht.

Erst in jüngerer Zeit enthalten technische Systeme interaktive Elemente, die beeinflussend auf den Menschen einwirken sollen. Für B. J. Fogg (2003: 359 f.) stellt der starke Anstieg der Integration von Beeinflussungsmechanismen in der Entwicklung der Computertechnologie für Endnutzer einen neuen Abschnitt dar. Der Wissenschaftler und Gründer des *Stanford Persuasive Technology Lab* teilt den Fokus, auf den sich die Entwicklung jeweils richtet, in fünf Wellen ein, von denen Technologien zur Überzeugung und Motivation von Nutzern die bislang fünfte und letzte Welle bilden. Zu Beginn der Computertechnik in den 1950er Jahren hat sich alles um die Funktionalität gedreht; Geräte richtig zum Arbeiten zu bringen und sie immer leistungsfähiger auszugestalten, darum ging es anfangs – und heute noch. Die zweite Welle startete in den 1970er Jahren mit dem Aufstieg digitaler Spiele. Unternehmen wie *Atari* mit anfänglich recht simplen Spielen wie etwa *Pong* läuteten die Welle der Unterhaltung ein. Bis heute schwillt diese Welle kontinuierlich an, unverändert wird eine Menge Aufmerksamkeit und Energie darauf gerichtet, Computer als Unterhaltungsgeräte zu gebrauchen. Die dritte Welle startete in den 1980ern mit der weiteren Verbreitung von Computern, als es darum ging, die Nutzung von Computern nicht länger nur Experten, sondern jedermann zu öffnen. Die dritte Welle ist daher auf Benutzerfreundlichkeit gerichtet und – ebenso wie die beiden ersten Wellen – auch heute noch aktuell. Die vierte Welle in der Computertechnik ist Networking. Obwohl es auch in den 1960er Jahren bereits vernetzte Computer gab und sich die Vernetzung in den 1980ern schnell ausbreitete, kam die Welle in den 1990ern mit der Entstehung des World Wide Web so richtig in Schwung und Networking bleibt auch gegenwärtig ein wesentlicher Fokus in der Entwicklung der Computertechnologie. Die fünfte Welle der Überzeugung ist schließlich neu, könnte aber eine ebensolche Bedeutung erlangen wie die vorangegangenen vier Wellen. Obwohl es auch schon in den 1970ern und 1980ern einige Anwendungen gab, die Menschen in den Bereichen Gesundheit und Arbeitsproduktivität zu einem »besseren« Verhalten motivieren sollten, kam diese Welle erst in den späten 1990ern mit der Kommerzialisierung des World Wide Web stark ins Rollen. Seitdem wurde dem Design interaktiver Systeme zur Motivation und Beeinflussung von Nutzern viel Aufmerksamkeit geschenkt. Nun schließt

B.J. Fogg in seiner Betrachtung der persuasiven Technologien explizit Zwang und Manipulation aus, stets geht es nur um ein Überzeugen, also ein Aufzeigen »vernünftiger« Verhaltensweisen. Die letztendliche Entscheidung bleibt immer beim Nutzer. Wobei man natürlich fragen kann, wie frei die Entscheidung wirklich ist. Ist der Computernutzer wirklich völlig frei in seiner Entscheidung, ein Sicherheits-Update zu installieren, wenn in immer kürzer werdenden Intervallen eine Aufforderung zur Installation aufscheint, die bei Nichtausführung jedes Mal zumindest die Beachtung des Nutzers fordert? Und die Anschnallerinnerung im Auto: Wie lässt sich der Piepton anders abstellen als indem man sich anschnallt? Sein Verhalten nicht dem wohlmeinenden Rat der Autotechnik anzupassen würde dann bedeuten, unter beträchtlicher akustischer Belastung durch die Gegend zu fahren. Aus dem gutgemeinten Rat kann also schnell Bevormundung werden. Wenn sich auch wahrscheinlich nicht die Breite der Computerwissenschaftler auf eine sechste Welle der Manipulation, um mit Foggs Modell zu sprechen, einlassen wird, so wird punktuell bestimmt viel Aufmerksamkeit und Arbeit auf die Erforschung von Mechanismen zur Manipulation von Nutzern gerichtet, also darauf, dass Verhalten beeinflusst wird, ohne alle Wahlfreiheiten zu erhalten. Das System gibt das Verhalten vor und der Nutzer beugt sich besser, will er sich keine Nachteile einhandeln. Und wenn die Anwendungen auch nicht bewusst mit dem Ziel der Manipulation entworfen wurden, so kommt es doch zuallererst auf das faktische Ergebnis an: Wird eine technische Aktion als Überzeugungsversuch oder nicht doch eher als Manipulation empfunden? Die Aufforderung zur Softwareaktualisierung, die Anschnallerinnerung – all dies mögen gutgemeinte Ratschläge sein. Aber letztendlich lassen sie dem Nutzer in vielen Fällen dann doch keine Wahl.

Technik duldet keinen Widerspruch!

In der modernen Gegenwart sind wir umgeben von Technologien, die auf unser Denken und Handeln einzuwirken versuchen. Überall dort, wo digitale Medien mit unserem Leben in Berührung kommen, treten immer öfter Elemente der Beeinflussung auf. Technik wird von Menschen gestaltet, deren Ideen werden in Programmcode gegossen und bewirken dann eine bestimmte Reaktion in uns. Daher geben in der digitalen Gesellschaft Systeme und deren Software Handlungsoptionen vor. Indem die digitale Steuerung von Geräten vorgibt, was möglich ist, befähigt sie Nutzer, bestimmte Dinge zu tun, oder hindert sie daran, sie zu tun. Der US-amerikanische Rechtsprofessor Lawrence Lessig (2000) hat diesen Zusammenhang mit der griffigen Formel

»Code Is Law« auf den Punkt gebracht. Für Lessig steht fest, dass Computerprogramme und deren Architektur ebenso wie Gesetze die Macht haben, Verhalten zu regulieren. Es gibt wohl kaum ein eindrucksvolleres Beispiel dafür, wie Menschen sich der Technik unterwerfen und ihr Verhalten nach den offerierten Möglichkeiten ausrichten, als die Kommunikation über Kurzmitteilungen: Das Mobiltelefon gibt exakt vor, dass eine gewisse Zeichenzahl nicht überschritten werden darf – wer wird bestreiten, dass diese Beschränkung Einfluss auf das Kommunikationsverhalten hat? Und wenn heute ein großer Teil der Kommunikation über soziale Netzwerke wie etwa *Facebook* stattfindet, dann bestimmen eben die Struktur und Regeln dieser Anbieter ganz wesentlich, auf welche Art und Weise Kommunikation erfolgt: Jemanden zum »Freund« zu machen – oder diese Bande auch wieder zu lösen – ist durch die Möglichkeit, die *Facebook* bietet, determiniert. Und durch die weite Verbreitung dieser Plattform ist das virtuelle »Freund-Werden« sogar zu einer gängigen sozialen Praxis geworden. Aber *Facebook* stellt noch weitere Weichen für unser Verhalten: Ausgefeilte Algorithmen bestimmen etwa darüber, was die Nutzer zu sehen bekommen. Je nach Interesse des Nutzers bestimmt eine streng geheime Formel, welcher Bruchteil des gesamten eingestellten Inhalts dem Nutzer überhaupt angezeigt wird. Wer Bilder von Autos betrachtet und kommentiert, bekommt mehr Autofotos präsentiert, wer Links zu Sportnachrichten anklickt, wird mit Sportinformationen versorgt. Und Nacktbilder sortiert *Facebook* generell aus. (vgl. Grether 2012)

Seit jeher liegt dem Technikeinsatz die Intention zugrunde, den Menschen zu unterstützen, ihm ein Helfer zu sein, ihm zu Diensten zu stehen. Ist dies heute tatsächlich immer und überall der Fall? Hat sich nicht angesichts der Vielzahl von autonom handelnden Geräten an vielen Stellen das Verhältnis umgekehrt? Ist der Mensch zum Sklaven der Technik geworden? Und diese Frage wird mit weiter voranschreitender Informatisierung unserer Lebenswelt immer relevanter: Auch das kleinste und billigste Alltagsding wird künftig ein RFID(Radio-Frequency Identification)-Etikett tragen. Solche Funketiketten ermöglichen die automatische und kontaktlose Identifizierung und Lokalisierung von Gegenständen, auf denen sie befestigt werden. Steuern wir also auf eine Zukunft zu, in der ein an den falschen Platz zurücksortiertes Buch in der Bibliothek oder eine im Supermarkt ins falsche Regal zurückgestellte Ware laut aufpiepsen? Oder eine Batterie, die fälschlich im Hausmüll entsorgt wurde, lautstark Alarm schlägt? (vgl. Spiekermann/Ziekow 2004: 30) Wer ist im Mensch-Technik-Verhältnis der gutmeinende, dennoch Macht ausübende »Pater«? Werden gewöhnlich in paternalistischen Herrschaftsordnungen Menschen von Menschen oder Institutionen bevormundet, so verbirgt sich hinter dem »Pater« hier die Technik. Aber auch die bevormundenden technischen Systeme verhalten sich freilich nur gemäß den ihnen von Menschen implementierten Regeln. Wer steckt also in Wahrheit hinter den Bevormundungen und entscheidet über »richtiges« und »falsches« Verhalten? Sind es die Softwareunternehmen, die über Programmcodes unseren technischen Unterstützern ihr bevormundendes Verhalten einhauchen? Oder sind es nicht vielmehr die Unternehmen, die die Technik auf den Markt bringen und ihre kommerziellen Interessen hinter einem Gestus verbergen, der nur das Beste für den Kunden will? Die mit dem physischen Produkt mitverkaufte Informationsleistung ist zwar von Nutzen für den Kunden und sorgt heute zumeist viel stärker für eine Differenzierung von vergleichbaren Produkten als die physische Hülle. Aber zusätzlich ist die informatorische Komponente eines Produkts immer auch darauf gerichtet, den Kunden zu einem bestimmten – kommerziell einträglichen – Verhalten zu veranlassen. Geräte, die den Nutzer daran erinnern, dass Verschleißteile auszuwechseln sind, nehmen diesem unbestritten die Sorge ab, den Austausch zu vergessen, aber ebenso sicher ist, dass sie ein eher früheres als späteres Ersetzen des betreffenden Teils anstoßen möchten. Zu guter Letzt kommen noch Regierungsinstanzen in Betracht, als »Pater« aufzutreten, indem sie sich der Technik bedienen, um Gesetze durchzusetzen oder sonst soziale Kontrolle auszuüben.

Auch wenn in letzter Konsequenz doch immer Menschen hinter dem bevormundenden Verhalten von Maschinen stecken, besteht ein ganz wesentlicher Unterschied zwischen paternalistischen Handlungen, die direkt von Menschen, und solchen, die von technischen Systemen herbeigeführt werden. (vgl. Spiekermann/Pallas 2007) Im Gegensatz zu Lehrern, Ärzten, Regierungen, die sich gegenüber Schülern, Patienten und Bürgern paternalistische Handlungen anmaßen, reagieren technische Systeme automatisch, autonom und absolut: Sie fordern nicht weniger als vollkommene Konformität, indem sie zum einen kaum Möglichkeiten zur Antizipation oder Reaktion lassen und zum anderen keine Abwägungen im Einzelfall anstellen. Unter keinen Umständen werden Ausnahmen gemacht, auch können Entscheidungen und Handlungen nicht umgangen oder missachtet werden. Maschinen dulden keinen Widerspruch! Im Umgang mit Technik bleiben daher nur zwei Optionen: Entweder wir schenken den Geräten blindes Vertrauen oder wir lehnen sie rundweg ab.

Die Welt wird undurchschaubar

Neben dieser von Algorithmen vorgeschriebenen Vorgehensweise technischer Geräte sind die Entscheidungen smarter Gegenstände für den Menschen immer schwerer zu durchblicken. Warum die Maschine so und nicht anders entscheidet, ist Ergebnis der Abarbeitung eines vorgegebenen Algorithmus, aber für den Menschen kaum nachzuvollziehen, weil nicht einsehbar. Es ist ja gerade die Aufgabe solcher intelligenten Dinge, unbemerkt vom Menschen im Hintergrund zu agieren und Handlungen selbständig auszuführen. Der Programmierer lenkt, die Maschine denkt, der Nutzer muss sich um nichts mehr kümmern. Folglich ist es Ziel in der Entwicklung der intelligenten Umgebung, den Menschen möglichst nicht mehr zu tangieren und zu behelligen. Für ihn soll eine möglichst bequeme Erfahrung geschaffen werden, in der alles schon im Voraus bedacht und für alles gesorgt wurde. Aber die Dinge sind nicht nur smart und wissen bei jeder Gelegenheit eigenständig, was zu tun ist, zusätzlich entwickeln sie ein immer größeres Kontextbewusstsein, das ihnen erlaubt, sich nahtlos in alltägliche Entscheidungs- und Unterstützungsprozesse einzugliedern. Dabei kommt immer stärker ein Trend zur Selbstanpassung von Systemen zum Tragen: Sie können sich immer besser selbst an eine ständig veränderliche Umgebung adaptieren und flexibel und dynamisch auf neue Herausforderungen reagieren. So können sich etwa die elektronischen Helfer im Auto auf die Straßenverhältnisse einstellen und sich bei Schnee oder Aquaplaning sodann entsprechend verhalten. Außerdem werden Sensoren immer besser imstande sein, die Verkehrslage und den Zustand des Fahrers zu erfassen, sodass immer weitreichendere Entscheidungen vom System automatisch getroffen und umgesetzt werden.

Ein Paradigmenwechsel vom interaktiven zum proaktiven Computing (vgl. Tennenhouse 2000) trägt weiterhin zur steigenden Undurchschaubarkeit der Welt bei. Die interaktive Nutzung von Rechnerkapazität, bei der der Mensch Befehle gibt und der Computer diese ausführt, kommt in einer Welt mit Tausenden von Prozessoren langsam aber sicher an seine Grenzen. Das zahlenmäßige Verhältnis von Computer zu Nutzer hat sich im Laufe der Zeit umgekehrt: Kam anfangs noch ein Computer auf viele Menschen, so glich sich das Verhältnis mit dem Aufkommen des Personal Computer in den 1980ern auf eins zu eins aus. Mit der rasanten Verbreitung mobiler Geräte existierte ab dem neuen Jahrtausend dann eine Vielzahl von Rechnern pro Nutzer. Es versteht sich von selbst, dass in einer solchen Situation der interaktive Umgang mit Computern nicht zielführend und auch nicht machbar sein kann. Man denke nur an all die Computerchips in all den Alltagsdingen, mit denen wir tagtäglich hantieren: vom Wecker über das Mobiltelefon bis hin zur Waschmaschine. In einer Welt des proaktiven Computings wartet der Computer daher nicht mehr auf die Eingaben des Nutzers, sondern er antizipiert die Bedürfnisse und agiert entsprechend. Damit wird die rechnergestützte Welt, wie wir sie kennen, völlig über den Haufen geworfen: Denn um proaktiv zu sein, muss ein Computer nicht nur den Nutzer kennen, also wer er ist, wo er sich aufhält, was er tut und wann, sondern auch seinen Kontext und wie sich dieser im Laufe der Zeit verändert.

Auch bei derart »intelligentem«, flexiblem und vorausschauendem Verhalten sind natürlich Algorithmen am Werk. Wie kann es diesen aber gelingen, die Bedürfnisse von Nutzern vorauszusagen, wenn Menschen selbst oftmals Schwierigkeiten haben, sich klar zu werden über ihre Wünsche? Werden Maschinen Menschen bald besser kennen als diese sich selbst? Zudem ändern sich Wünsche und Bedürfnisse im Lauf der Zeit. Werden nicht schon allein aus diesem Grund die antizipierten Verhaltensweisen smarter Objekte zwangsläufig falsch sein? Zu all dem kommt noch, dass das Ergebnis bestimmter Algorithmen längst nicht mehr so einfach vorauszusehen ist, wenn die digitale Welt immer stärker mit der physischen verschmilzt und Variablen aus der Umwelt mit in die Rechnung aufgenommen werden. Die sich selbst anpassenden Systeme reagieren auf eine Art und Weise auf Situationen, die im Detail von den Entwicklern gar nicht antizipiert werden können, weil unter anderem das Zusammenspiel verschiedener Algorithmen außerordentliche Komplexität hervorruft. All dies hat zur Folge, dass sich die smarten Dinge immer mehr so verhalten, wie sie selbst meinen, dass es für den Menschen am besten ist. Abgesehen davon, dass es höchst fraglich ist, ob Maschinen tatsächlich jemals so intelligent sein werden, um Situationen und Kontexte in einer Art und Weise einzuschätzen, die dem Menschen gerecht wird, so ist auch der unwahrscheinliche Fall, dass sie die Absichten und Bedürfnisse der Nutzer richtig voraussehen, nicht ohne Probleme. Je intelligenter die Dinge werden, desto undurchschaubarer werden sie für den Nutzer: Der Weg zu ihren Entscheidungen führt über derart komplexe Algorithmen, dass sie für den Menschen nicht mehr nachvollziehbar sind. Es bleibt lediglich, das Ergebnis dieser Entscheidung so hinzunehmen, wie es eben ausgefallen ist. Es ist eine paradoxe Situation: Je besser die Geräte *uns* verstehen, desto weniger werden wir *sie* verstehen. Der Gebrauch smarter Dinge setzt aber ein Grundmaß an Vertrauen voraus: Würden wir ein solches im Falle, dass die Dinge intelligenter geworden sind als wir, noch aufbringen wollen? In der Folge müsste der Mensch entweder der Technik misstrauen oder sich selbst – beides bedeutete einen beträchtlichen Kontrollverlust. Der Philosoph Philip Brey (2005) demonstriert dieses Dilemma anhand eines anschaulichen Beispiels: Ein smartes Objekt könnte auf Basis seiner komplexen Algorithmen zu dem Schluss kommen, dass man 200 Flaschen Wein bestellen möchte; wie dieser Schluss nun aber exakt zustande kam, kann für den Nutzer nicht nachvollziehbar erklärt werden. Brey folgert, dass eine solche Situation sogar Gefühle kognitiver Dissonanz beim Menschen hervorrufen kann, wenn dieser glaubt, etwas zu wollen, von der Technik aber hört, etwas ganz anderes zu wollen. Werden wir in einem andauernden Spannungszustand leben, weil wir nicht wissen, wem wir mehr vertrauen sollen: der Maschine oder uns selbst?

Dieses Extrembeispiel macht das grundlegende Dilemma unserer heutigen durchinformatisierten Welt klar: Wir erwarten von der Technik, dass sie unser Leben einfacher und bequemer macht, dass sie still und unbemerkt agiert und uns möglichst unauffällig unterstützt. Das bedeutet aber auch: Wir geben freiwillig Handlungs- und Entscheidungskompetenz – und damit Autonomie – an computergesteuerte Dinge ab. Sobald wir aber ein Mindestmaß an Kontrolle in unseren Händen behalten wollen, bleibt die Technik nicht länger unbemerkt im Hintergrund. Unsere zunehmend intelligente Umgebung hat die Kraft, unsere Freiheit zu stärken, gleichzeitig aber schlummert in ihr auch das Potenzial, unsere Freiheit und Autonomie zu beschneiden. Je mehr Dinge uns umgeben, die selbständig handeln, und je rasanter die technische Entwicklung auf diesem Feld voranschreitet, desto dringlicher wird die Klärung der Frage, wie wir die Gratwanderung zwischen technikunterstütztem Leben und Erhaltung von individueller Autonomie in Zukunft meistern.

4.4 Leben in der verspielten Welt

Die dritte große Transformation des Computerzeitalters steht unmittelbar bevor: Nachdem Bill Gates' Vision von der radikalen Dezentralisierung der Informationstechnologie wahr wurde und heute tatsächlich »ein Computer auf jedem Schreibtisch« zu finden ist und sich später im selben Maße das stationäre Internet verbreitet hat, wird das Internet nun mobil. Immer öfter dienen heute tragbare, kabellose Geräte wie Mobiltelefone, Tablets oder Laptops mit integrierten Mobilfunkkarten zum Zugriff auf das Web. Schon heute ist das Internet kein »Ding« mehr, mit dem wir uns über den PC auf unserem Schreibtisch bei Bedarf verbinden und dann wieder aussteigen, insbesondere über Smartphones ist es bereits heute unser ständiger Begleiter. Wir sind »always on«. Für immer mehr Menschen wird sich das Internet anfühlen wie die Luft zum Atmen, etwas, das uns ständig umgibt, wir sind eingewoben in einen immerwährenden Fluss von Informationen, ein kleines Gerät in unserer Hosentasche öffnet uns die Tür zur gesamten Welt. Das mobile Internet krempelt unser Leben, Arbeiten und Konsumieren vollkommen um – und zwar mit rasanter Geschwindigkeit. Was einst eine Fantasie aus dem Reich der Science-Fiction war, ist heute Wirklichkeit: Menschen, die elektronisch miteinander verbunden sind und ununterbrochen Verbindungen zu einer digitalen Welt unterhalten. Das Digitale dient hierbei einem ureigenen menschlichen Bedürfnis: Als soziale Spezies sucht der Mensch stets nach Information und Kommunikation mit anderen.

Mobile Endgeräte haben einen schnellen Wandel hinter sich vom reinen Einzweck-Gerät fürs Telefonieren zu Smartphones, die eher Mini-Computern als Telefonen ähneln und durch ihre ständige Verbindung zum Internet als eine Art vertrauensvoller Copilot agieren und durch sämtliche Aspekte des Lebens navigieren helfen: Teils persönlicher Sekretär, teils Entertainment Center, teils Dirigent der sozialen Beziehungen hilft das Mobiltelefon in allen Lebenslagen bei der Koordination und Kontrolle der verschiedensten Angelegenheiten. Dass das Smartphone bei der Bewältigung des Alltags helfend unter die Arme greift, wird allseits erwartet – jedoch gibt es sich immer weniger mit der Rolle des Butlers zufrieden, der möglichst unsichtbar und unaufdringlich bleibt: Mehr und mehr greift die Technik ändernd auf unser Verhalten ein. Und dabei ersetzt das elektronische Gerät Rollen, die traditionell von Menschen besetzt wurden wie etwa Fitnesstrainer, Diätberater oder Therapeuten. In diesem Bereich des Lebenscoachings tut sich in der Entwicklung von Apps, also speziell für mobile Endgeräte geschaffene Anwendungen, ein wachsendes Feld auf. Es entstehen immer mehr Applikationen, die dem Menschen in jeder nur erdenklichen Lebenslage helfen sollen, indem sie dessen Verhalten zum Positiven hin wandeln. Abnehmen, einen gesünderen Lebensstil pflegen, besser schlafen, sich umweltfreundlich verhalten – all dies soll plötzlich kinderleicht werden mit passenden Apps, die den Menschen zu einem »besseren« Verhalten motivieren, so versprechen es die Urheber der kleinen Helferprogramme.

Wer etwa ein paar überschüssige Kilos loswerden möchte, dem soll dies via App zum Kinderspiel werden. Nicht anders als ein professioneller Diätberater aus Fleisch und Blut vorgehen würde, verläuft das Abnehmen mit Hilfe von Apps wie beispielsweise *Lose It!*: Essensplan aufstellen, Mahlzeiten aufzeichnen, Wochenvergleiche anstellen und Fortschritte messen. Auch im Bereich der Fitness helfen Apps den inneren Schweinehund zu besiegen. *Run-*

tastic etwa motiviert zum Laufen, indem die Daten jeder Trainingseinheit aufgezeichnet werden. Der Läufer kann sich sodann Übersichten erstellen lassen, die die gelaufenen Kilometer, Zeiten, Pulswerte anzeigen. Nicht nur der zeitliche Vergleich, sondern auch der Vergleich mit anderen Läufern spornt an, das Training ernst zu nehmen und nicht lockerzulassen. *JouleBug* wiederum ist eine App, die im Rahmen eines Wettkampfs durch Vergabe von Punkten und sonstigen Belohnungen zu energiesparendem Verhalten animiert. Echter Wettbewerb im Kampf um die geringsten Energiekosten entsteht hierbei durch die Verbindung mit *Facebook* und *Twitter*.

Können Computerprogramme wirklich Menschen ändern, indem sie Einfluss nehmen auf ihre Verhaltensweisen und Gewohnheiten? Sind »bessere Menschen« also programmierbar? Wirft man einen genaueren Blick auf diese Programme, dann wird schnell klar, dass sie mit Mechanismen arbeiten, die es schon lange gibt. Ebenfalls mit Punkten und Belohnungen wird bereits seit den 1960er Jahren in der Verhaltenstherapie gearbeitet: Die Token Economy ist ein systematisches Belohnungssystem, das durch die gezielte Vergabe von Tokens (Tauschgegenständen, etwa Münzen) Verhalten aufbauen soll. Tut der Betreffende das Gewünschte, erhält er Tokens, die dann – nach einem festgelegten Plan – in begehrte Aktivitäten oder Dinge eingetauscht werden können (5 Tokens = 1 Kinobesuch). Was heute in einer Vielzahl von Apps zur Unterstützung der Lebensführung dienen soll, unterscheidet sich kaum von dem Token-System, das ursprünglich in psychiatrischen Anstalten, in Heimen für dissoziale Jugendliche oder Gefängnissen angewandt wurde. Ebenfalls seit den sechziger Jahren des vorigen Jahrhunderts kommen dieselben Prinzipien bei *Weight Watchers* zum Einsatz, um Abnehmwillige bei ihrer Diät zu unterstützen. Ebenso wie bei den modernen »Mach-einen-besseren-Menschen-aus-Dir«-Apps sind dabei seit jeher ein Punktesystem, Fortschrittsinformationen, Wettbewerb mit anderen sowie Feedback und Motivation durch die Gemeinschaft die Ingredienzen der erfolgreichen Gewohnheitsänderung. Der Erfolg resultiert daraus, dass es in der Punktewelt von *Weight Watchers* plötzlich nicht mehr vorrangig ums Diäthalten und Sporttreiben geht, sondern darum, das spezifische System aus Herausforderungen, Fortschritten, Ranglisten und Belohnungen zu beherrschen. *Weight Watchers* und seine digitalen Nachfolger machen sich damit Mechanismen zunutze, die der Welt der (Computer-)Spiele entlehnt sind. Es ist die Kraft von Spielen, zu motivieren und Menschen in ihren Bann zu ziehen, die solche Anwendungen erfolgreich macht und eine spielend leichte Verhaltensänderung verspricht. Denn Spiele befriedigen grundlegende menschliche Bedürfnisse. Punkte,

Levels, Rangabzeichen und virtuelle Güter stillen den Hunger nach Belohnung, Status, Erfolgserlebnissen und danach, sich mit anderen im Wettbewerb zu messen. Betrachten Menschen eine Herausforderung als Spiel, die gewöhnlich als ernste Angelegenheit gesehen wird, so bleiben sie dieser Sache gegenüber eher aufgeschlossen und empfinden ihre Ausführung als weniger lästig. Denn Spiele sind der realen Welt in mancherlei Hinsicht weit überlegen, weil sie spannender und aufregender sind, besseres und unmittelbares Feedback geben, einen stärkeren sozialen Zusammenhalt schaffen und Menschen fortwährend in Erstaunen versetzen und neugierig machen. Sie geben Menschen befriedigende Aufgaben und vermitteln die Erfahrung, Fähigkeiten zu besitzen und etwas wirklich gut zu beherrschen. Der Erfolg von Spielen gründet zu einem großen Teil auch auf deren Eigenart, den Spielern das Gefühl zu geben, Teil eines größeren Ganzen zu sein, gemeinschaftlich mit anderen etwas zu schaffen. Als Gamification wird jener Transfer von Spielmechanismen (Punkte, Levels, Wertungen und Ranglisten, zu meisternde Aufgaben und Belohnungen) auf nicht spielerische Umgebungen bezeichnet, den wir in immer mehr Lebensbereichen beobachten können. Wir erleben eine einzigartige »Spielifizierung« des Lebens.

Das ganze Leben wird zum Computerspiel

Wie kommt es aber, dass Computerspiele sich ihren Weg ins »echte« Leben bahnen? Dafür ist in besonderem Maße verantwortlich, dass eine ganze nachwachsende Generation in virtuelle Welten eintaucht und mit Computerspielen aufwächst. Spielen ist der mit digitalen Spielen groß gewordenen Generation Gaming zweite Natur, längst ist Spiel nichts mehr, was mit dem Entwachsen der Kindertage abgelegt wird, Spielen ist Bestandteil des Lebens, die Grenzen zwischen Spiel und »Ernst« fallen. Die Generation Gaming hat eine spielerische Perspektive auf alle Bereiche ihres Lebens. Gamification scheint eine logische Folge dieses neuen Ausblicks auf das Leben. Da sie mit dem Joystick in der Hand aufgewachsen sind und damit Armeen befehligt, Städte gebaut und Phantasiewelten erobert haben, wollen junge Menschen heute ihrer spielerischen Perspektive entsprechend angesprochen werden. Es ist keine Überraschung, dass die junge Generation als Resultat der »Allgegenwart der Videospiele« und ihrer intensiven Auseinandersetzung damit auf fundamental andere Weise denkt und Informationen verarbeitet als sämtliche ihrer Vorgänger-Generationen. Spiel und Lernen, Spiel und Arbeiten, Spiel und viele andere Facetten unseres Lebens rücken daher immer näher zusammen.

Dazu kommt noch die Allgegenwart von Technologie; Gamification ist ohne Technologie kaum in derartigen Ausmaßen denkbar. Wir treten in ein Zeitalter der Wegwerf-Elektronik ein: Recheneinheiten, Sensoren und Kameras werden in nicht allzu ferner Zeit so billig sein, dass die gewöhnlichsten Alltagsgegenstände mit Elektronik ausgestattet sein werden – von der Kaffeetasse über Lebensmittelverpackungen bis hin zur Zahnbürste. All diese Dinge werden durch das Internet miteinander verbunden sein; als Resultat steht eine Welt, in der alles, was wir tun, gemessen und verfolgt werden kann. Immer mehr fallen dadurch auch die Grenzen zwischen physischer und virtueller Sphäre, weswegen es nicht verwundert, dass auch Computerspiele immer weiter ins reale Leben vordringen. Weil die reale und virtuelle Welt immer dichter miteinander verwoben sind, werden digitale Spiele stets weiter in unser Leben eindringen. Die gesamte Welt wird zum Spielbrett. Für Will Wright, einen der erfolgreichsten Videospieldesigner aller Zeiten, ist das Vordringen von Spielen in sämtliche Lebensbereiche eine logische Entwicklung, die aber gerade erst begonnen hat. In einer Rede auf der »Inventing the Future of Games«-Konferenz im April 2011 in Kalifornien stellte er einige bahnbrechende Überlegungen zur Zukunft des Computerspiels an: Er sieht eine »Gambrian Explosion« kommen und prophezeit, dass Spiele allgegenwärtig werden. Mit diesem Wortspiel zielt er auf die so genannte Kambrische Explosion (»Cambrian Explosion«), die vor rund 500 Millionen Jahren – einem biologischen Urknall gleich – zur schlagartigen Ausbreitung von Leben geführt hat. Ebenso breiten sich heute auch Spiele auf neue Plattformen, in neue Genres und Kategorien aus. Gespielt wird auf sozialen Netzwerken im Internet, Mobiltelefonen, Tablet-PCs und immer öfter verwischen Spiele in der Augmented Reality die Grenze zwischen virtuell und real. Auch Seth Priebatsch, CEO von *SCVNGR*, einem Unternehmen, das lokationsbasierte Spiele zur Kundenbindung entwickelt, zeichnet ein Bild einer Welt, in der digitale Spiele uns immer und überall umgeben, und sieht das Jahrzehnt der Spiele anbrechen. Um unser gesamtes Leben werde ein Netz aus Spielen gewoben sein, so verkündet Priebatsch auf diversen Konferenzen. Dies ist die logische Fortsetzung einer Entwicklung, die im letzten Jahrzehnt mit der Revolution der sozialen Netzwerke begann, in der sich zunächst alles um die Verbindung mit anderen Menschen drehte. Es ist heute *Facebook*, das für diese neue Macht des Sozialen und des Netzwerks steht wie kein anderes Unternehmen. *Facebook* bestimmt die Bedingungen und gibt die Infrastruktur vor. Auf dieser Infrastruktur bauen nun Spiele auf: Im kommenden Jahrzehnt wird es nicht mehr bloß um die Verbindung von Mensch zu Mensch gehen, sondern um die Beeinflussung von Verhalten.

Ob Priebatschs Vision jemals Wirklichkeit wird, daran kann man natürlich zweifeln. Fest steht jedoch: Seit geraumer Zeit verbreiten sich digitale Spiele, die zu einem bestimmten Tun oder Unterlassen anhalten, in Windeseile. Vorhersehbar und berechenbar soll dabei mit Hilfe von Spielmechanismen Verhalten gesteuert werden. Viele dieser Anwendungen sind dabei so einfach gestrickt und basieren auf solch simplem Menschenbild, dass das Bild vom Esel in den Sinn kommt, der mit Hilfe einer Karotte, die ihm vor die Nase gehalten wird, zum nächsten Schritt veranlasst werden soll. Mit Belohnungen zum besseren Menschen werden? Belohnungssysteme nach dem Prinzip »Tu' dies und bekomme das« rufen sogleich ein zweites Bild vor das innere Auge: der moderne Mensch in der Skinner-Box. Erleben im digitalen Zeitalter B. F. Skinners Theorien ein Comeback?

Der US-amerikanische Psychologe Burrhus Frederic Skinner demonstrierte, dass Verhalten die Folge bisher erlebter Verhaltenskonsequenzen ist. In seinen Experimenten konnten sich Tauben in der so genannten Skinner-Box, einem speziell für seine Versuche geschaffenen Experimentalkäfig, durch Drücken eines Hebels Futter beschaffen, und zwar erhielten sie die Belohnung nur unter bestimmten Bedingungen, die das Versuchstier erlernen sollte. Was in der Wissenschaft operante Konditionierung genannt wird, erinnert doch ganz gewaltig an all die verschiedenen Lebenshelfer-Apps: Erwünschtes Verhalten wird belohnt, immer und immer wieder erfolgt als Folge dieses Verhaltens ein »verstärkender Reiz«, so lange, bis das Verhalten zur Normalität wird. Wer Gemüse auf seinen Speiseplan setzt, auf die Zigarette verzichtet und sein tägliches Fitnessprogramm einhält, kann sich über reichlich Punkte freuen. Aus Skinners Perspektive kann Verhalten vollständig durch äußere Reize erklärt werden, das Innenleben eines Menschen, sein Denken und seine Psyche, werden außer Acht gelassen. Was sich im Inneren abspielt, darüber könne nicht spekuliert werden, so der Psychologe, lediglich die Inputs und Outputs ließen sich messen. Auch wenn er in späteren Lebensjahren von dieser »Black Box«-These etwas abrückte, so war Skinner doch äußerst erfolgreich darin, seinen Tauben erstaunliche Verhaltensweisen beizubringen – bis hin zu »Project Pigeon«: In einem regierungsfinanzierten, streng geheimen Militärprojekt brachte Skinner während des Zweiten Weltkriegs Tauben dazu, durch ihre Pickbewegungen Raketen auf Kurs zu halten.

Der Mensch in der Skinner-Box

Wenn operante Konditionierung es zustande bringt, Tauben fit für den Kriegsdienst zu machen, kann es dann eine solch schlechte Idee sein, seinen inneren Schweinehund durch verstärkende Reize besiegen zu wollen? Immerhin baut Gamification in vielerlei Hinsicht auf die Prinzipien des Behaviorismus. Und auch das oben erwähnte, erfolgreich angewandte Token-System geht auf die Ideen Skinners zurück. Die komplette Idee der Helfer-Apps funktioniert nur, weil sie das vereinfachte, mechanistische Menschenbild Skinners zur Grundlage hat: Um ein erwünschtes Verhalten herbeizuführen, werden Belohnungen in Form von Punkten, virtuellen Rangabzeichen, Status oder dergleichen in Aussicht gestellt. So lange sollen erwünschte Verhaltensweisen durch Belohnungen verstärkt werden, bis sie zur Normalität geworden sind. Jedem ist klar, dass Menschen auf Belohnungen und Strafen reagieren. Aber jedermann weiß auch, dass Verhalten niemals alleinig durch positive und negative äußere Reize bestimmt werden kann. Dennoch finden spielifizierte Anwendungen, die eine Verhaltensänderung zum Ziel haben, jede Menge Spieler – und bei vielen von ihnen funktioniert der Skinner-Mechanismus tatsächlich! Und im Gegensatz zu den Tauben in der Skinner-Box erhalten die Spieler lediglich virtuelle Belohnungen, die zumeist rein gar keinen Wert besitzen. Sind wir so einfach zu beeinflussen?

Ein interessantes Licht auf die zunehmende Verbreitung von verhaltensbeeinflussenden Apps wirft hierbei Skinner selbst, der ursprünglich eigentlich Schriftsteller werden wollte und neben seinen zahlreichen wissenschaftlichen Aufsätzen auch Romane schrieb. 1948 veröffentlichte er den utopischen Roman *Walden Two*, der eine durch operante Konditionierung geformte Gesellschaft schildert. Mit seinem Vorgänger *Walden* von Henry David Thoreau teilt *Walden Two* die Idee des einfachen, friedlichen Lebens. Und erreicht werden sollte dieses Ziel in einer kleinen Gemeinde mit etwa tausend Einwohnern, in der Kinder auf Grundlage des Paradigmas der Konditionierung erzogen werden – wann immer möglich durch positive Verhaltenskonsequenzen, Strafen sollten die absolute Ausnahme bleiben. In seinem Roman zeigt Skinner das konfliktfreie Zusammenleben durch die positive Verstärkung von sozial erwünschten Verhaltensweisen. Weil Verhaltenssteuerung als Funktionsprinzip der Gesellschaft von Vielen als Weg in die Unfreiheit betrachtet wurde, stieß *Walden Two* auf massive Kritik. Tatsächlich blieb Skinner die Antwort auf die so wichtige Frage schuldig, wer die Allmacht besitzen solle, die gesellschaftlichen Rahmenbedingungen, aus denen sich hernach die Zielrichtung der Konditionierung ergibt, festzulegen. Auch wenn es überhaupt nicht Skinners Intention war, so wurden seine den Kern von *Walden Two* bildenden Sozial- und Verhaltenstechniken doch als durch und durch manipulativ aufgefasst. Geht man zu weit, wenn man zu Skinners Entwurf einer verhaltensgesteuerten Gesellschaft die Parallele der heutigen Apps-Welt zieht?

Für den Einzelnen halten gamifizierte Anwendungen große Versprechen bereit – und halten diese auch zumeist, sofern der Nutzer sich aktiv beteiligt. Wer sich zur täglichen Joggingrunde nur schwer aufraffen kann, dem werden beispielsweise mit der App »Zombies, Run!« Beine gemacht. Die App schickt den Spieler, der hierfür in die Rolle des »Runner 5« schlüpft, auf dreizehn Audiomissionen und nimmt ihn mit in eine Spielwelt, in der ihm eine aktive Rolle zukommt. Es gilt, Versorgungsgüter in ein umkämpftes Gebiet zu bringen, in denen es von Zombies nur so wimmelt. Der jeweilige Standort von »Runner 5« wird per GPS erfasst, kommen Zombies gefährlich nahe, verfärben sie sich rot und »Runner 5« sollte besser einen Zahn zulegen. Wer mit Zombies im Nacken joggt, trödelt nicht. Natürlich handelt es sich hierbei um eine Art von Verführung: Der Läufer tut etwas, was er ansonsten vielleicht nicht tun würde, er absolviert sein Trainingspensum (und vielleicht sogar mehr), während er andernfalls vielleicht auf dem Sofa sitzen bliebe. Und er tut dies schlicht und einfach, weil die zu bewältigende Aufgabe unterhaltsam gestaltet ist, weil der Wettbewerbsgedanke eine Rolle spielt und am Ende ein Sieg errungen werden kann. All dies führt zu einer befriedigenderen Erfahrung als eine pflichtgemäß erledigte Laufrunde, in der lediglich stur die Kilometer abgespult werden. Niemand würde hierbei ernsthaft von Manipulation sprechen, zumal der Nutzer dieser App sich freiwillig der Monsterjagd stellt und zudem genau weiß, was die Intention der App ist und sich auch sicher ist, dass keinerlei kommerzielle Interessen dahinterstecken.

Aber kann man sich dessen immer so sicher sein? Und wo exakt verläuft die Grenze zwischen Motivation und Manipulation? Gamification hat immer zwei Seiten, wovon beide ihre spezifischen Interessen verfolgen: der Nutzer und der Urheber der App. Wird nicht der Verdacht der Manipulation dann stärker, wenn die Interessen des Nutzers und diejenigen von Unternehmen oder sonstigen Organisationen, die Verhaltens-Apps anbieten, auseinanderklaffen? Besteht also nicht doch ein wenig mehr Grund, achtsam zu sein, wenn Krankenkassen uns dazu »motivieren« möchten, ein paar Kilos loszuwerden, Energieversorger sich um unseren Energieverbrauch sorgen oder Finanzinstitute uns einen spielerischen Weg zur Geldanlage aufzeigen möchten? All diese Organisationen haben ihre ureigenen Interessen und werden daher die Rahmenbedingungen der Apps so gestalten, dass Verhalten nicht nur im Sinne des Nutzers, sondern auch in ihrem eigenen beeinflusst wird. Ganz im Sinne Skinners werden dabei die äußeren Reize so dargeboten, dass erwünschtes, das heißt: unternehmensgerechtes, Verhalten resultiert. Auch hierbei wird das Innere des Nutzers ignoriert, lediglich die Umwelt wird so »gestaltet«, dass sich der Nutzer in die gewünschte Richtung bewegt. Die Interessen müssen nicht notwendigerweise widerstreitend sein, aber dennoch stellt sich die Frage: Wessen Interessen werden nun vorrangig verfolgt? Anwendungen zur persönlichen Finanzplanung (wie etwa *Mint*, *Payoff*, *Playmoolah*) versprechen zum einen dem Nutzer, Ordnung in seine Finanzen zu bringen und im Endeffekt reicher zu werden. Wer könnte etwas dagegen haben? Aber zum anderen verfolgen Finanzdienstleister mit diesen spielerischen Ratgebern auch ihre eigenen Interessen, die vorrangig im groß angelegten Sammeln persönlicher (Finanz-)Daten liegen, um diese zu kommerzialisieren. Wie so oft in der digitalen Welt bezahlt der Nutzer mit seinen personenbezogenen Daten. Die Anwendungen werden also zu einem ganz bestimmten Zweck zur Verfügung gestellt, woraus sich schon Zweifel ergeben, ob wirklich das Interesse des Nutzers, seine Finanzplanung besser in den Griff zu bekommen, im Mittelpunkt steht. Was auf der individuellen Ebene des Nutzers völlig unbedenklich erscheint, bekommt dann schnell einen bitteren Beigeschmack, nimmt man die Interessen der App-Urheber mit ins Kalkül. *Walden Two* scheint dann zum Greifen nahe. Denn es stellt sich auch hierbei die Frage: Wer nimmt sich das Recht heraus, Verhalten in eine bestimmte Richtung zu steuern? Und ist dem App-Nutzer dabei immer bewusst, dass er in eine bestimmte Richtung gedrängt wird? B. F. Skinner hätte seine helle Freude an den technologischen Mitteln, die Verhaltensänderungen in solchen Dimensionen ermöglichen.

Spiele diktieren das Verhalten

All diese technischen Verhaltensbeeinflusser funktionieren ja nur, weil der Nutzer einen Teil seiner Kontrolle abgibt. Er muss akzeptieren, dass allein Umwelteinflüsse ihn steuern – ganz so, wie Skinner es im Rahmen der operanten Konditionierung zur Bedingung machte: der Mensch als »Black Box«, nur die äußeren Reize zählen. Nun ist es natürlich ein Unterschied, ob ein Individuum für sich entscheidet, sich bestimmten Umwelteinflüssen auszusetzen, um sein Verhalten zu ändern, oder ob ein Unternehmen, die Regierung oder eine sonstige Organisation die Umwelt eines Individuums so ändert, dass dieses zu einem bestimmten Verhalten veranlasst wird. Diese beiden Szenarios lassen sich nicht in jedem Fall scharf trennen. Und wie oben schon festgestellt: Manipulation auszuschalten setzt voraus, dass der Nutzer freiwillig agiert und sich der hinter der jeweiligen App steckenden Interessen bewusst ist. Jedoch: Das grundlegende Wesensmerkmal der Skinner-Box ist es gerade, dass der Insasse keine Kontrolle über das Geschehen hat. Wird es dem Einzelnen daher in jedem Fall bewusst sein, dass er sich – vermeintlich spielend – in Wahrheit in der Skinner-Box befindet? Bekommen wir also mit Smartphone-Apps ein Mittel in die Hand, um einfach und bequem eine »perfekte Version unserer selbst« – um es mit David H. Freedmans (2012) Worten zu sagen – zu schaffen?

Und schlimmer noch: Wird mit Gamification jedermann ein Instrument zugänglich, um Kontrolle nicht nur über sich selbst, sondern auch über andere auszuüben? Keine Handlungsweise geschieht mehr zufällig. Bemüht man sich nur um den geeigneten Reiz, schafft man es, die Umwelt in passender Weise zu ändern, dann folgt darauf auch – nach der Lehre Skinners – die erwartete Handlung. Unser Arbeitgeber schickt uns auf Missionen in virtuelle Welten, wir bemerken gar nicht, dass wir Aufgaben erfüllen, die uns früher langweilig schienen. Und für jede Überstunde gibt es Extrapunkte. Unsere Krankenkasse sorgt dafür, dass wir in Spiele verwickelt werden, die uns ausreichend Sport treiben und gesundes Essen zu uns nehmen lassen; statt das Auto zu nehmen gehen wir zu Fuß zur Arbeit, denn dies bringt unserem Punktekonto ein dickes Plus. Und Unternehmen bombardieren uns regelrecht mit Punkten, weil sie uns an sich binden, zu Wiederkäufen animieren wollen und weil häufiges Nutzen der Produkte, wofür es selbstverständlich Belohnungen gibt, schneller zu Ersatzbeschaffungen führt. Sehen wir einer Zukunft entgegen, in der wir immerzu, jede Sekunde unseres Lebens in gewisser Weise spielen? Werden wir überhaupt noch wissen, dass wir spielen? Und werden wir frei genug sein, nicht zu spielen? Als Gamepocalypse bezeichnet Jesse Schell (2010), Professor an der Carnegie Mellon University in Pittsburgh sowie Gründer von *Schell Games*, seine Vision einer Zukunft, in der es für jede nur erdenkliche Aktivität Punkte zu verdienen gibt, die nachfolgend gegen Vergünstigungen verschiedenster Art – von der Steuergutschrift bis zum Gratisprodukt – eingetauscht werden können. Wird unser Leben mehr und mehr durch den Punkteverdienst gesteuert? Diktiert die Vergabe von Punkten unser Verhalten? Sind wir zusammengeschrumpft zu Protagonisten eines Computerspiels, die laufen und laufen und die irrwitzigsten Abenteuer auf sich nehmen, nur um am Ende ein paar Punkte zu kassieren?

Die vernetzte Welt von heute bildet die perfekte Infrastruktur für Gamification. Alle Dinge gehen online, kommunizieren miteinander und bilden ein Datennetz, das unser gesamtes Leben überzieht. Dazu kommt noch, dass Technik immer billiger wird und es dadurch möglich wird, sämtliche Gegenstände – auch Wegwerfprodukte wie etwa Verpackungen – mit Informationstechnik auszustatten. So wird Technik dann selbst zum Wegwerfprodukt. Noch ist zwar nicht absehbar, dass in naher Zukunft wirklich jeder Schokoriegel, jede Kaffeetasse und jeder Waschmittelbehälter mit Sensor und Bildschirm ausgestattet ist, aber Unternehmen wie etwa der Sportartikelhersteller *Nike* zeigen eindringlich, welche Potenziale in Gamification in einer komplett vernetzten Welt stecken: Die Laufschuhe des Unternehmens enthalten *Nike+*, einen Sensor, der Distanz, Geschwindigkeit und Zeit misst. Nicht nur können Läufer ihre eigenen Trainingsdaten in eine Internetanwendung von Nike hochladen und auf diese Weise ihre eigenen sportlichen Erfolge im Zeitablauf beobachten. Zudem führt der Konzern auch vor, dass das Internet der Dinge eine perfekte Grundlage für alle möglichen Arten von Spielen ist: Mit *Nike Human Race* richtet *Nike* die weltgrößte Laufveranstaltung aus. Mitmachen kann jedermann mit *Nike+* im Schuh. *Nike* macht einen Wettlauf möglich, bei dem jeder Läufer gegen Läufer am anderen Ende der Welt antreten kann. Die wachsende Vernetzung von Dingen bietet also eine optimale Infrastruktur für Spiele, die immer öfter die Grenze zwischen real und virtuell überschreiten. Der kommunizierende Chip im Schuh ist nur ein Beispiel, wie die in naher Zukunft allgegenwärtigen kommunizierenden Objekte auch digitale Spiele in ihrem Fahrwasser nach sich ziehen.

Es ist kaum vorstellbar, dass wirklich jede noch so profane Tätigkeit unseres Lebens zum Spiel wird. Auch wenn die Beispiele heute noch vereinzelt auftreten, so gibt es doch bereits ausgiebig Gelegenheiten zu beobachten, wie bei gewöhnlichen Alltagsaktivitäten durch Spielmechanismen auf Verhaltensweisen eingewirkt wird. Der Zahnbürstenhersteller *Oral-B* etwa macht gar Zähneputzen zum Spiel: Das Unternehmen hat ein elektrisches Modell in seiner Produktpalette, das dem Nutzer Rückmeldung zum Putzfortschritt gibt und nach Erledigung eine Belohnung bereithält. Alle 30 Sekunden ertönt ein Piepston, um den Wechsel in eine andere Mundregion anzuzeigen, und nach zwei Minuten signalisiert die Zahnbürste, dass die gesamte Putzzeit erreicht wurde. Hält der Zahnputzer bis zum Ende durch, erscheint auf dem Display ein lachendes Gesicht, ein trauriges Gesicht signalisiert hingegen, dass die Zähne nicht ausreichend geputzt wurden. Nun wäre es ein Leichtes, durch Verbindung der Zahnbürste mit dem Internet Zähneputzen gar zu einem

MMOG (Massively Multiplayer Online Game) zu machen, in dem Tausende eifrig um die Wette putzen! Tatsächlich gibt es bereits Personenwaagen am Markt, die mit dem Internet verbunden sind, Messergebnisse automatisch in einer Datenbank speichern und die Daten im Zeitverlauf grafisch darstellen. Des Weiteren können Ziele festgelegt, die Zielerreichung überwacht und die Daten mit Arzt, Fitnesstrainer oder Familie und Freunden ausgetauscht werden. Und auf Wunsch können die Gewichtsdaten auch automatisch über *Twitter* in die Welt hinaus geschickt werden. Diese Beispiele zeigen, dass die Aufzeichnung unserer Handlungsweisen heute oftmals automatisiert abläuft. Natürlich war es auch früher vielen Menschen eine Hilfe, während Diäten Aufzeichnungen über zu sich genommene Nahrung und Sporteinheiten zu machen. Heute automatisieren Apps diese Prozesse allerdings. Es reicht somit völlig aus, den vor sich stehenden Teller zu fotografieren, maschinelles Bildverstehen erledigt den Rest: Die im Bild versteckten Kalorien werden erkannt und gezählt. Und sogleich können diese Informationen sogar mit der Internetgemeinde geteilt werden. Ebenso wird die tägliche Sporteinheit mit allen Details registriert: Dauer, Streckenlänge, Geschwindigkeit, Herzfrequenz und überwundene Höhenunterschiede werden nicht nur aufgezeichnet, sondern auch in die Datenbank der App geladen, um sogleich den neuen Stand in der Rangliste zu ermitteln. Nichts bleibt mehr unbeobachtet!

Die Möglichkeit der Kontrollausübung durch die Integration von Spielmechanismen in unser Leben kommt daher auch auf Umwegen: Nicht nur öffnen die Helfer-Apps der Verhaltenssteuerung à la Skinner Tür und Tor, auch tragen sie dazu bei, das Datennetz, das sich ohnehin schon über unser Leben legt, noch dichter zu weben. Durch digitales Spielen entstehen Daten, die eine Menge über unseren Lebenswandel preisgeben. Und in ihrer Gesamtheit geben die Daten sogar ein recht genaues Datenprofil unserer gesamten Persönlichkeit ab, schließlich werden unsere sportlichen Aktivitäten etwa durch »Zombies, Run!« registriert, unser Tagesablauf liegt offen zutage, wertet man die Daten von Apps aus, die die Erledigung von alltäglichen Aufgaben und Hausarbeiten in eine abenteuerliche Mission verwandeln (z. B. *Epic-Win*), und jedes Produkt, das wir nutzen, kann über die genauen Umstände des Gebrauchs informieren, wie das Beispiel der Zahnbürste zeigt. Die twitternde Personenwaage wiederum gibt einen Vorgeschmack darauf, welch langen Datenschatten die Perfektionierung unseres Körpers mit Hilfe von spielifizierten Anwendungen werfen könnte: Es ist ja durchaus denkbar, im Internet nicht lediglich einen »Wettlauf« um das Optimalgewicht zu entfesseln, sondern ebenso um den gesündesten Blutdruck oder Cholesterinspiegel.

Nicht zuletzt wird das Netz aus Daten auch deshalb stets dichter, weil viele Menschen allerhand über sich preisgeben, um an den Spielen überhaupt teilzunehmen. Bei *Health Month* etwa wird dem Nutzer gesundheitlich gleich auf der ganzen Linie geholfen. Hierbei stellt jeder seine eigenen Regeln auf, weil jeder seine eigenen Ziele verfolgt: Der eine will mit dem Rauchen aufhören, der andere ein paar Kilos loswerden. Definiert werden zunächst die angestrebten Verhaltensweisen (zum Beispiel mehr Gemüse, weniger Alkohol, weniger Zigaretten) sowie Belohnungen und Bestrafungen: Was gönnt man sich am Ende des Monats bei Einhaltung der Regeln, welcher Einsatz wird fällig, bricht man die selbst auferlegten Regeln? Es liegt auf der Hand, dass bei solcherart Spielen der Spieler jede Menge Informationen über sich offenbart, schließlich tut er als Grundlage des Spiels selbst kund, wo der Schuh drückt. Es existieren eine ganze Reihe solcher Anwendungen, die die Motivation zur Verhaltensänderung durch Spielmechanismen schüren und gleichzeitig jede Menge personenbezogener Daten einsammeln. Ähnlich sensible Daten wie im Gesundheitsbereich werden auch von Anwendungen zur Optimierung der persönlichen Finanzplanung erhoben. Ohne sein Gehalt, seine Vermögenslage, Konsumgewohnheiten und dergleichen mehr zu offenbaren, ist ein »Spiel« erst gar nicht möglich. Der Verdacht liegt auf der Hand, dass solche Anwendungen nicht bloß im Interesse des Nutzers sind, sondern dass Datensammler am Werk sind, die jedes Stückchen Information in ihr Puzzle einfügen und ein stets lückenloseres Profil erhalten, das für die unterschiedlichsten Zwecke genutzt werden kann. Und längst bleibt das Phänomen auch nicht auf den Bildschirm beschränkt. Das Unternehmen *GreenGoose* verkauft einen kleinen Aktivitätssensor, der an allen möglichen Gegenständen befestigt werden kann – von der Hundeleine über den Laufschuh bis hin zum Fahrrad. Nach Registrierung auf der Webseite des Unternehmens kann man beginnen, Punkte zu sammeln – wann immer der Sensor eine Aktivität meldet, wächst das Punktekonto. Wenn wir für den täglichen Sport, das Staubsaugen oder Wäschewaschen Punkte erhalten und uns an der Spitze der Rangliste sehen, so das Kalkül von *GreenGoose*, fällt auch die ungeliebteste Aufgabe nur noch halb so schwer. Auf diese Art und Weise trägt der kleine Sensor dazu bei, wirklich jeden Aspekt des Lebens zum motivationsfördernden Spiel zu machen, das Internet in sämtliche Aktivitäten des Alltags zu integrieren und damit unser gesamtes Leben mit einer Datenschicht zu überziehen. Weil mit all diesen Mitteln die Erledigung unserer Alltagsaufgaben datenmäßig abgebildet wird, um sie in einen spielerischen Wettbewerb zu verwandeln, wird unser Handeln weitgehend nachvollziehbar.

Weil in der schönen neuen Spielwelt die privatesten Daten preisgegeben und von den verschiedensten Organisationen eingesammelt werden, wird der Mensch immer berechenbarer: Zeige mir, was du spielst, und ich sage dir, wer du bist. Dass das Marketing an höchstpersönlichen Daten interessiert ist, um den Werbungserfolg nicht länger dem Zufall zu überlassen, sind wir bereits gewöhnt. Die Apps zur Eigenmotivation machen es der Werbewirtschaft immer einfacher, passgenaue Werbung zu schalten und Kunden individuell anzusprechen; immerhin bieten solche Anwendungen vielerlei Einblicke in das Privatleben, in den täglichen Alltag, informieren über Interessen, Wünsche und Sorgen. Und die Konsequenz dieser »Schnüffelei« ist nicht länger nur das Zuspielen passgenauer Werbung, weil die Datenprofile derart aufschlussreich sind, dass sich auch eine Vielzahl anderer Entscheidungen auf dieser Basis treffen lassen: Für Versicherungen beispielsweise können die aus spielerischen Anwendungen gewonnenen Erkenntnisse eine wahre Goldgrube sein, wenn etwa aus den in *Health Month* gemachten guten Vorsätzen auf den gepflegten Lebensstil geschlossen werden kann oder wenn *GreenGoose* den Hang zu einer Extremsportart preisgibt. Wäre es dann nicht denkbar, dass die Prämien entsprechend festgesetzt werden? Kann Technik tatsächlich derart verführerisch sein, dass sie uns letztendlich kontrolliert und die fortwährende Unterstützung durch Technikhelfer einen »großen Bruder« pausenlos mit Daten füttert, sodass unser Verhalten, unsere Wünsche, unser tiefstes Inneres offen zutage treten? Werden solche Spiele jemals so allgegenwärtig sein, dass jeglicher Zufall ausgeschaltet wird, weil Überwachung, Kontrolle und Manipulation die negativen Begleiterscheinungen einer verspielten Welt sind?

Literatur

Askitas, Nikolaos/Zimmermann, Klaus F. (2009): Google Econometrics and Unemployment Forecasting, In: Applied Economics Quarterly, 55. Jg., Heft 2, S. 107–120.

Battelle, John (2003): The Database of Intentions. URL: http://battellemedia.com/archives/2003/11/the_database_of_intentions. Zugriff: 30.01.2013.

Baudrillard, Jean (1988): Videowelt und fraktales Subjekt, In: Ars Electronica (Hrsg.): Kunst der Szene, Linz. URL: http://90.146.8.18/de/archiv_files/19881/1988_088.pdf. Zugriff: 30.01.2013.

Bentham, Jeremy (1995): Panopticon, In: Bozovic, Miran (Hrsg.): The Panopticon Writings, London, S. 29–95.

Brey, Philip (2005): Freedom and Privacy in Ambient Intelligence, In: Ethics and Information Technology, 7. Jg., Heft 3, S. 157–166.

Choi, Hyunyoung/Varian, Hal (2009): Predicting the Present with Google Trends. URL: http://ssrn.com/abstract=1659302. Zugriff: 30.01.2013.

Fogg, B. J. (2003): Motivating, Influencing, and Persuading Users, In: Jacko, Julie A./Sears, Andrew (Hrsg.): The Human-Computer Interaction Handbook. Fundamentals, Evolving Technologies and Emerging Applications, Mahwah, New Jersey, S. 358–370.

Freedman, David H. (2012): The Perfected Self, In: Atlantic Magazine, Juni 2012. URL: http://www.theatlantic.com/magazine/archive/2012/06/the-perfected-self/308970/. Zugriff: 30.01.2013.

Ginsberg, Jeremy/Mohebbi, Matthew H./Patel, Rajan S./Brammer, Lynnette/Smolinski, Mark S./Brilliant, Larry (2009): Detecting influenza epidemics using search engine query data, In: Nature, 457. Jg., Heft 7232, S. 1012–1014.

Grether, Miriam (2012): Zeitmagazin-Cover auf Facebook gelöscht. URL: http://www.zeitverlag.de/pressemitteilungen/zeitmagazin-cover-auf-facebook-geloscht/. Zugriff: 30.01.2013.

Hardin, Russell (2002): The Crippled Epistemology of Extremism, In: Breton, Albert et al. (Hrsg.): Political Extremism and Rationality, Cambridge, S. 3–22.

Lessig, Lawrence (2000): Code and Other Laws of Cyberspace, New York.

Mattern, Friedemann (2003): Vom Verschwinden des Computers – Die Vision des Ubiquitous Computing, In: Mattern, Friedemann (Hrsg.): Total Vernetzt – Szenarien einer informatisierten Welt, Berlin, Heidelberg, S. 1–41.

Mitchell, Gregory (2005): Libertarian Paternalism Is an Oxymoron, In: Northwestern University Law Review, 99. Jg., Heft 3, S. 1245–1277.

Mumford, Lewis (1967): The Myth of the Machine, New York.

Palen, Leysia/Dourish, Paul (2003): Unpacking »Privacy« for a Networked World, In: CHI 2003, Vol. 5, No. 1, S. 129–136.

Pariser, Eli (2011): The Filter Bubble. What the Internet Is Hiding from You, New York.

Paul, Michael J./Dredze, Mark (2011): You Are What You Tweet: Analyzing Twitter for Public Health, International Conference on Weblogs and Social Media (ICWSM). URL: http://cs.jhu.edu/~mpaul/files/2011.icwsm.twitter_health.pdf. Zugriff: 30.01.2013.

Roßnagel, Alexander (2007): Datenschutz in einem informatisierten Alltag. URL: http://library.fes.de/pdf-files/stabsabteilung/04548.pdf. Zugriff: 30.01.2013.

Schell, Jesse (2010): When games invade real life, DICE Summit 2010. URL: http://www.ted.com/talks/jesse_schell_when_games_invade_real_life.html. Zugriff: 30.01.2013.

Schkade, David/Sunstein, Cass R./Hastie, Reid (2006): What Happened on Deliberation Day?, U Chicago Law & Economics, Olin Working Paper No. 298, AEI-Brookings Joint Center Working Paper No. 06-19. URL: http://papers.ssrn.com/sol3/papers.cfm?abstract_id=911646. Zugriff: 30.01.2013.

Schmidt, Torsten/Vosen, Simeon (2009): Forecasting Private Consumption: Survey-Based Indicators vs. Google Trends, Ruhr Economic Paper No. 155. URL: http://ssrn.com/abstract=1514369. Zugriff: 30.01.2013.

Skinner, Burrhus Frederic (1948): Walden Two, Indianapolis, Indiana.

Song, Chaoming/Qu, Zehui/Blumm, Nicholas, Barabási, Albert-László (2010): Limits of Predictability in Human Mobility, In: Science, Vol. 327, 19. Februar 2010, S. 1018–1021.

Spahn, Andreas (2011): And Lead Us (Not) into Persuasion...? Persuasive Technology and the Ethics of Communication. URL: http://tue.academia.edu/AndreasSpahn/Papers/582305_And_Lead_Us_Not_into_Persuasion_Persuasive_Technology_and_the_Ethics_of_Communication. Zugriff: 30.01.2013.

Sparrow, Betsy/Liu, Jenny/Wegner, Daniel M. (2011): Google Effects on Memory: Cognitive Consequences of Having Information at Our Fingertips, In: Science, 333. Jg., Nr. 6043, S. 776–778.

Spiekermann, Sarah/Pallas, Frank (2007): Technologiepaternalismus – Soziale Auswirkungen des Ubiquitous Computing jenseits von Privatsphäre, In: Mattern, Friedemann (Hrsg.): Die Informatisierung des Alltags. Leben in smarten Umgebungen, Berlin, Heidelberg, S. 311–325.

Spiekermann, Sarah/Ziekow, Holger (2004): Technische Analyse RFID-bezogener Angstszenarien. URL: http://www2.wiwi.hu-berlin.de/iwi/internetoekonomie/downloads/rfid/kernprobleme_Security/RFID%20Angst%20Master_final%20SSP.pdf. Zugriff: 30.01.2013.

Tennenhouse, David (2000): Proactive Computing, In: Communications of the ACM, 43. Jg., Nr. 5, S. 43–50.

Thaler, Richard H./Sunstein, Cass (2008): Nudge. Improving Decisions About Health, Wealth and Happiness, New Haven, Connecticut.

Turow, Joseph/King, Jennifer/Hoofnagle, Chris Jay/Bleakley, Amy/Hennessy, Michael (2009): Americans Reject Tailored Advertising And Three Activities That Enable It. URL: http://papers.ssrn.com/sol3/papers.cfm?abstract_id=1478214. Zugriff: 30.01.2013.

Turow, Joseph (2011): The Daily You. How the New Advertising Industry Is Defining Your Identity and Your Worth, New Haven, Connecticut.

Warren, Samuel D./Brandeis, Louis D. (1890): The Right to Privacy, In: Harvard Law Review, Vol. IV, No. 5, 15. Dezember 1890, S. 193–220.

Wegner, Daniel M./Giuliano, Toni/Hertel, Paula T. (1985): Cognitive Interdependence in Close Relationships, In: Ickes, William J. (Hrsg.): Compatible and Incompatible Relationships, New York, S. 253–276.

Wondracek, Gilbert/Holz, Thorsten/Kirda, Engin/Kruegel, Christopher (2010): A Practical Attack to De-Anonymize Social Network Users, In: IEEE Symposium on Security and Privacy 2010, S. 223–238.

Wu, Tim (2010): The Master Switch. The Rise and Fall of Information Empires, New York.